北京市教委"基于产业融合视角的北京都市休闲材
（项目号：SM201710020002）项目资助

北京休闲林业
发展研究

BEIJING XIUXIAN LINYE
FAZHAN YANJIU

黄映晖 著

中国农业出版社
北 京

前　言

　　休闲是人类发展的第四次浪潮。森林休闲体验作为休闲旅游的一种重要形态，市场空间巨大。国际经验表明，欧美发达国家基于森林的户外游憩已经成为一个极大的产业，成为区域或国家经济增长的重要内容。以美国为例，早在1960年美国国会就立法规定游憩是国有林的第一功能；1962年美国"户外游憩资源评价委员会"向总统和国会递交著名的ORRRC报告，得出户外游憩是城市居民休闲时的主要活动；1977年美国户外游憩消费突破了1 600亿美元，超过了石油工业而成为美国最大的产业。到20世纪80年代，美国的户外游憩消费高达3 000亿美元，美国人均收入的1/8都用在了户外游憩上。到20世纪90年代，美国每年参加森林游憩的人次高达20多亿。

　　休闲林业是林业经济新的增长点。休闲林业作为产业融合的新型业态，有利于促进传统林业向多功能现代林业转型升级。随着人民生活水平的提升，林业在经济发展中的作用已经从单纯的生产延伸到旅游、休憩、疗养、健身等休闲领域。从大林业或广义林业的视角，推进现代林业的发展，应该重视林业产业的休闲功能，充分发挥林业的多功能效用，推进林业可持续发展。因此，发展休闲林业对于带动相关产业发展、促进农民就业、提升居民休闲品质、改善城市形象、推进区域经济社会发展以及生态环境建设都具有十分重要的现实意义。

　　当前，我国休闲林业发展面临前所未有的机遇。2016年，国家林业局在《关于大力推进森林体验和森林养生发展的通知》中，强调要进一步发挥森林多种功能，有效利用森林在提供自然体验机会和促进公众健康中的突出优势，更好地推动森林旅游的健康快速发展。2017年中央1号文件提出，大力改善森林康养等公共服务设施条件，充分发挥乡村各类物质与非物质资源富集的独特优势，利用"旅游＋""生态＋"等模式，推进林业与旅游、文化、康养等产业深度融合，进一步为森林旅游发展指明了方向。2018年11月，国家林业和草原局发文，明确提出：对社会资本利用荒山荒地集中连片进行植树造林，以及开展荒漠化、沙化、石漠化等生态脆弱区综合治理的，在保障生态效益的前提下，允许利用一定比例的土地发展林下经济、生态观光旅游、森林康养、养生养老等环境友好型产业，并依法办理建设用地审批手续。

休闲林业是北京林业产业发展的新方向。一方面，北京市发展休闲林业具有良好的自然资源和人文资源优势。北京市山地面积10 417.5平方千米，占土地面积的62%。2017年，全市共有森林面积76.8万公顷，森林覆盖率达43%，森林资源丰富。同时，作为历史古都，北京深厚的历史人文积淀也是休闲林业发展的重要条件。另一方面，北京市作为国际化大都市，社会经济条件优越，休闲消费需求旺盛，发展休闲林业市场空间非常广阔。利用周末等节假日进入城郊休闲游憩已经成为"富起来和动起来"的重要方式，也成为市民"亲自然、换空气、解压力"的都市生活时尚。以丰富的林地资源为依托，利用森林生态资源和景观文化，发展独具特色的都市休闲林业产业，既是北京森林经营目标和方式的重大转变，也能够极大地满足城市居民对生态旅游、休闲观光等方面的需求。

近年来，随着社会经济的发展，休闲林业已逐渐引起各界关注。《北京市"十三五"时期园林绿化发展规划》提出，要积极培育森林旅游、森林疗养等林业新兴产业，努力推进市民休闲游憩体系建设。《北京市国有林场发展规划（2018—2025年）》指出，国有林场是森林旅游的重要场所，是森林文化的展示窗口，提出要建设以森林公园和森林文化旅游为载体，通过森林景观提升、特色项目打造和文化活动的开展，建设集森林休闲、森林体验、森林康养和环境教育等多功能于一体的文化型林场。北京市人民政府办公厅《关于完善集体林权制度促进首都林业发展的实施意见》（京政办发〔2018〕17号）提出，要推进集体林分类经营管理，对于二级国家级公益林和市级公益林，在不影响森林生态功能发挥和不破坏森林植被的前提下，可以合理利用林地资源，适度开展森林旅游、森林康养、科普教育等非木质资源培育利用；对于商品林可以合理利用林地资源，开展观光采摘、森林旅游、森林康养等生产经营活动。上述政策文件的出台有力地促进了北京休闲林业发展。

　　然而，从发展实践看，目前北京休闲林业尚处于起步阶段，理论上仍有许多问题需要进一步厘清；实践中也有许多难题亟待破解，尤其是休闲林业市场供给和消费需求存在较大的不平衡性，消费者的期望度与满意度间也存在一定差异。基于此，本研究从北京市林业资源条件出发，结合北京市休闲林业产业发展的基本情况及北京市居民生活消费水平，分析北京市休闲林业发展具备的条件，剖析北京市休闲林业发展的现状；利用问卷与访谈相结合的方法获取北京市居民休闲林业消费行为的相关信息，对北京市休闲林业消费行为及消费满意度进行了实证分析，并对影响北京市居民休闲林业消费行为的因素进行了探讨。最后，借鉴发达国家成功经验，提出促进北京都市休闲林业发展的对策建议，以期为北京市休闲林业持续、健康发展提供参考。

　　本书的写作和出版是在北京市教委项目"基于产业融合视角的北京都市休闲林业发展模式与路径研究"（项目号：SM201710020002）的支持下完成的，北京农学院经济管理学院研究生刘晴、裴丽荣、佟玉焕、张馨月、韩月、孙潇等为本研究的问卷调研、数据分析、资料整理等做了大量工作，在此一并表示感谢。写作过程中参考了许多前人的研究资料，作者尽可能详尽地在参考文献中列示，在此对各位专家学者的贡献致以深深的谢意。作者还将近年国家及北京市关于支持休闲林业发展的主要政策文件作为附录列出，希望北京休闲林业能够在这些政策的指引下发展越来越好。限于作者水平所限，书中的错误和疏漏之处在所难免，衷心希望广大读者能够提出宝贵意见。

目 录

第1章 导 论

1.1 研究的背景

休闲林业是休闲时代林业经济发展新的增长点。2016 年，国务院副总理汪洋在全国林业科技创新大会上强调，林业建设是事关经济社会可持续发展的根本性问题，必须高度重视林业的发展。现代林业的建设与发展要求在保留传统林业建设的基础上，对林业的功能进行拓展和延伸。休闲林业发展是林业多功能性的重要体现，它既能够满足城乡居民休闲消费需求，又有助于促进林业经济平稳较快发展，适应了当代经济社会发展潮流。

休闲林业是北京市林业产业未来发展的新方向。北京市作为国际化大都市，社会经济条件优越，休闲消费需求旺盛，发展休闲林业市场空间非常广阔。2017 年北京市地区生产总值 28 000 亿元，人均 GDP 达到 12.9 万元，城镇居民人均可支配收入达到 62 406 元，农村居民人均可支配收入达到 24 240 元。全市常住人口 2 170.7 万人，私家车拥有数量达 564 万辆。随着北京市三产产值的不断变化，三产融合趋势日益显著，经济发展水平提高的同时，居民生活质量和消费能力也在不断提升，北京市城乡居民已经步入"富起来和动起来"的发展阶段。以丰富的林地资源为依托，利用森林生态资源和景观文化，发展独具特色的休闲林业产业，既是北京森林经营目标和方式的重大转变，也能够极大地满足北京市城乡居民对生态旅游、观光游憩、休闲服务等方面的需求，市场空间巨大。

休闲林业是整合北京市现有森林资源，实现林业持续发展的有力举措。北京市森林资源十分丰富，自 2012 年北京市全面启动百万亩平原造林工程计划以来，林业建设工作取得了突飞猛进的成绩。截至 2017 年年底，北京市共有林地面积 109.4 万公顷，林木面积 100.1 万公顷，森林面积 76.8 万公顷，全市林木绿化率超过 61%，森林覆盖率达 43%。发展休闲林业，不仅能够整合北京市现有的森林资源，实现森林资源的综合利用，同时也是实现北京市林业产业持续发展的新举措。

1.2　研究的目的与意义

发展休闲林业有利于转变林业经济发展方式，促进现代多功能林业转型升级。伴随着休闲时代的到来，休闲林业在林业经济中的作用越来越重要。现代休闲林业的发展，不仅注重实现林业的可持续发展，还重视发挥林业产业的休闲功能。与此同时，发展休闲林业对于促进林业相关产业发展，增加林区周边农民就业，提升城乡居民休闲品质，改善城市形象特征，推进区域经济社会发展以及生态环境建设都具有十分重要的现实意义。

发展休闲林业既是时代发展的要求，同时又是满足城乡居民生活休闲需求的有利条件。改革开放以来，伴随北京市经济发展速度的加快，城镇化发展质量的提升，人们生活水平的提高，居民可自由支配收入的增多，闲暇时间的宽裕，单纯的物质生产消费已不能完全满足城乡居民的消费需求，人们将更多目光集聚于精神层面的消费，追逐精神层面的满足，因而对社会休闲的需求不断增加，休闲观光游憩及休闲服务消费逐步成为消费者关注的中心。北京作为全国的政治中心、文化中心、国际交往中心和科技创新中心，更要注重满足城乡居民的休闲消费需求，提倡休闲林业的发展。

鉴于北京市休闲林业发展存在有效供给不足、市场缺口大等问题，本研究在介绍国内外休闲林业发展概况的基础上，分析了北京休闲林业发展概况，并从消费者行为角度进行休闲林业消费行为研究，以直观地反映休闲林业市场信息，把握休闲林业消费市场供需情况，便于充分利用市场机制，明确休闲林业未来发展定位，对于进一步满足消费者休闲需求，提高北京市休闲林业发展水平具有重要的指导意义。

1.3　国内外研究综述

1.3.1　国外研究综述

1. 休闲的内涵

对"休闲"理论的研究最早始于国外学者。Vablen（1899）认为，休闲是指"非生产性的时间消费"。J. Dumazedier（1968）认为，休闲的概念可定义为"人们在规定的时间范围内参加特定的活动"。Pierce（1980）提出，休闲的内涵可概括为"人们自愿参加的且不带有任何强迫性的活动"。Godbey（1981）认为，休闲有别于一般的社会物质文化生活，相比而言，人们可以在休闲中享受到相对自由的生活。Stephen Smith（1990）认为，休闲是人们可支配的自由时间，人们随时可以根据自己的时间安排自主进行分配，并且无需承担任何的责任与义务。John R. Kelly（2000）认为休闲概念的界定不是固定统一的，因此从不同方面对其进行定义得到的结果是有所差别的。

2. 休闲林业的研究

20 世纪初期，在日本和德国进行的林业实践，最早出现了"城市休闲林业"一词，之后逐渐引起世界各国研究人员的关注，并进一步探索了休闲林业的经济意义。该分析强调城市林业休闲市场的经济表现和变化，强调城市休闲林业的市场价值。国外研究中还没有提出休闲林业的定义，只研究了林业相关的休闲活动，包括森林旅游、森林游憩、户外游憩和乡村旅游等几个方面的研究。

Lisa Hornsten（2000）以瑞典居民为研究对象，探究休闲对林业和社会的作用。瑞典居民非常喜欢在户外进行休闲活动，平均每两周有一半的城市居民会去森林户外游憩。城市森林已然成为瑞典居民的主要休闲场所，虽然城市森林仅仅占到瑞典森林面积的1％，但城市居民到城市森林休闲体验的次数却超过其他林业地区。这一研究表明城市周边的户外休闲需求更大。Sznajder（2004）的研究中提出城市休闲林业的经济活动主要包括：林业旅游、休闲、娱乐、住宿、餐饮等。英国《森林研究年报》（2005）中提出，休闲林业的发展为旅游业提供了更多的契机，使得林业成为英国重新关注的焦点，森林旅游成为林业实现可持续管理的有效途径。Leo Huang（2006）发现，电子商务的发展为休闲林业扩展了更为广阔的空间。Michaeld Jenning（2009）提出了评估的操作程序，并对实地数据做了具体的分析与描述。Nugent（2010）从经济绩效评价的角度分析了城市休闲林业经济对就业、收入的影响以及对产品价值的衡量，得出城市休闲林业经济体现在城乡两个层面，最终在微观经济实体中展现的结论。也有研究人员表示，研究城市休闲林业经济绩效评价时不光要考虑就业、收入和产品价值等，生态效益和社会效益也应作为经济绩效评价的考虑要素。

3. 城市休闲林业理论述评

"城市休闲林业"一词最早起源于20世纪初期日本、德国的林业实践，之后引起业界学者的广泛关注，从而展开了对城市休闲林业经济的研究。Erik Jorgensen（1965）指出，城市林业的研究范围很广，不仅局限于对城市内部林木的栽种护养，还涉及到城市周边地区一切可利用的林木的种养培育，同时还包含城市林木在种养过程中可产生的对城市以及城市居民生活生产的影响等内容。Lisa Hornsten（2000）提出，森林休闲的研究可以从户外游憩的角度切入，户外游憩不仅可以为游玩的人提供合适的游憩场所和优美的森林环境，同时对实现林业的可持续发展以及对整个社会都能产生一定的积极作用。英国《森林研究年报》（2005）指出，随着人们对森林休闲消费需求的增加，森林旅游消费逐渐成为森林实现可持续经营的有效方式。Sznajder（2004）认为城市休闲林业经济是一类人们可从事的经济活动，包含林业旅游、住宿、餐饮、健身、休闲、娱乐等内容。Petr Zelka（2005）认为城市休闲林业经济发展的同时，既需要保护原有林业资源又需要体现乡村文化和价值，同时保留原有林业的基本形式及林地性质。Leo Huang（2006）通过对已有的涉林企业开展调查，指出城市休闲林业经济的发展可以通过电子商务的方式来拓展途径，以期达到城市休闲林业经济发展的目的。Michaeld Jenning（2009）为了维护林业资源的自然属性，建立了林业资源评价的现场记录、分析描述、审查和存档等具体操作程序。Nugent（2010）认为城市休闲林业产生的经济绩效既包括对就业情况的统计说明、对收入盈亏的分析，也涉及到林产品价值等数据的衡量计算，分析其作用及影响。城市休闲林业经济体现在城市和农村两个层面，最后可以通过微观经济实体得以体现。James Petts（2012）运用成本收益法提出了城市休闲林业经济具有经济外部性。

4. 消费者行为内涵

国外学者对消费者行为的研究起步较早，具有较高的学术价值。美国营销协会的专家们认为消费者行为学是一门十分重要的科学，它可以指导人们生活上的交换行为。Kanuk、Schiffman（1933）认为，消费者行为是指消费者为了满足其自身在产品上的需要而采取的寻找、购买、使用、评定及处置产品等行为。Woods（1981）提出，消费者行为是指人们为了获取对自身有价值的物品所进行的一系列活动。Vyas（1983）则认为，消费者行为是指消费者为了达到获取产品目的之前所采取的一系列决策行为，而这些决策行为恰是对消费者自身具有永久影响力的经验行为。Schiffman、Kanuk（1987）认为，消费者行为是指消费者为了在获取自身需要物品的过程中所产生的行为。恩格尔（1996）把消费者行为定义为，人们为了获取某种物品或者使用处置这种物品所展开的行动，同时包括消费者行动前的思考过程以及行动后的评价过程。Roger D. Blackwell（2009）提到消费行为是指，消费者在市场上为了获取自己想要的物品会采取一定的行为决策，从而确保这种物品能够顺利地转移到自己手中，但是需要注意的是这种行为决策需要从流通角度进行考虑。

5. 消费者行为的影响因素

消费者的行为受到多方因素的影响，既涉及具有消费者自身特性的内部因素，如意愿、需求、动机、心理、学历等，又涵盖了其他外在可能影响消费者行为的因素，如生活水平、社会环境、宗教信仰、工资收入等。同时，还需要考虑其他方面的因素。对此，不同学者进行了解释。Philip Kotler（1997）认为，文化、社会、个人和心理四个层面是影响消费者行为的主要因素。Jagdish N. Sheth、Barwari Mittal、Blacken 等学者提出，影响消费者行为的因素有两方面内容，一方面的因素是消费者自身的个人因素，另一方面的因素是外部环境因素。尽管众多学者都认同以上两种因素是影响消费者行为的因素，但是对以上两种因素的具体定义还存在一定的分歧。而 Schiffman、Kanuk 的观点则是强调心理因素、环境因素和营销因素对于消费者行为所产生的巨大作用。

6. 消费者满意度研究

顾客满意度概念最早由 Cardozo（1965）提出，并在营销领域引入了顾客满意度这个概念，满意度的研究从此展开。Pizam（1986）认为游客满意度是由游客到达目的地前的期望和实际感受比较后决定的。Chon（1990）研究得出一个解释游客满意度的理论框架。

国外对满意度的研究涉猎面较广，不只对定义进行了研究，还对满意度测评、影响因素等方面进行研究。

在满意度测评方面，Pinks（2009）认为客户满意度是客户在实践经验中的主要心理感受。在探索游客的乐趣时，创建完整的指标评价系统非常重要。Hasegawa（2010）在建立满意度评估指标体系时，是对游客的满意度的主观心理感受与预期感受的差异进行评估的。David（2012）在消费者满意度评估和分析中提出了SERVQUAL 应用方法，这是一种通过分析消费者期望与现实之间的差异的新的消费者满意度评估方法。Salehf（2014）认为建立满意度评估体系需要使用系统思考，并对指标体系中的各种因素进行综合评估，这也为之后消费者满意度的研究奠定了基础。

在满意度影响因素研究方面，Mazursky（1989）研究发现，过去的经历会对游客的满意度产生影响。Wilton（1993）研究中增加了一个交易成本因素，并使用差异模型来检验满意度的决定因素。Bowen（1998）研究得出，游客满意度受期望、差异性、特殊性、心情等 6 个方面的影响。根据 Kennon（2010）的观点，由于涉及旅游业的主题范围很广，它也使影响游客满意度的因素更加复杂，在此基础上 Kennon 提出晕轮效应。Jianan（2012）对消费者满意度进行了实证分析，发现在满意度评价过程中，产品种类、规模和某些特征都是影响消费者满意度的因素。Johann（2012）对景区满意度进行研究，发现位置条件、服务态度以及基础设施等因素会对消费者满意度产生影响。Christian（2013）认为游客在满意度影响因素上不仅要考虑自身情况，还要考虑周围人的影响。

1.3.2　国内研究综述

1. 休闲概念的界定

国内休闲理论是在借鉴国外学者提出休闲理论的基础上研究产生的，诸多学者从不同角度对休闲进行了定义。楼嘉军（2000）提出，休闲是指个人所有空暇时间的汇总，人们无需担心任何外界因素的干扰，即可将自己的空闲时间规划利用。张广瑞、宋瑞

（2001）将休闲定义为"人们在自己的自由空闲支配时间内所进行的喜爱活动，而这些喜好活动所带来的身体健康、精神满足正是人们在可自由支配时间以外难以享受到的"。马惠娣（2001）提出，休闲有别于休息，是人类精神的一种境界，是用最好的心态做自己最想做的事。苏孝同（2006）提到，休闲是指人们在毫无外界压力的条件下，可以完全地按照自己喜欢的、能够达到内心满足的以及实现自身价值的方式进行生活、娱乐、消遣、放松，无需考虑谋生等社会现实问题，通过自发参加社会活动享受到快乐的休闲方式。李响、赵新元（2010）认为，休闲概念的理解可从时间、空间、活动、特征以及态度等方面入手。

2. 休闲林业的研究

国内对休闲林业概念的研究晚于国外。随着经济的发展，人们的休闲时间逐渐增多，对休闲活动的需求也急剧增长，带动了休闲产业的发展，"休闲农业"和"休闲渔业"的概念也相继出现。而关于休闲林业的研究主要集中在"森林旅游"或"森林游憩"等方面，休闲林业的提法较少，近几年才有所涉猎。

关于休闲林业的概念与内涵，不同学者从各自角度做了阐释。卿前龙（2006）最早提及休闲林业，但没有给出明确定义。陶萍（2006）指出，林业休闲产业是以森林资源的开发利用为基础，可以提高森林的经济价值和满足消费者的不同需求。胡士磊等（2009）认为，休闲林业的发展需要将生产、生活、生态等有效结合起来，通过利用林区的自然森林景观，向人们提供具有区域特色的风土人情、休闲观光、艺术欣赏、科普活动、人文教育以及丰富的林副产品，从而达到帮助人们减轻劳累、消除乏困、保持良好心情的目的，为人们在休闲之余提供具有林区生活体验特色的新型产业。王伟杰（2012）在研究中提出了休闲林业的概念，认为休闲林业是提供林副产品和休闲服务的综合性林业。黄志启（2014）指出，城市休闲林业是指伴随城市经济发展水平的提高以及城市社会的有序发展，在城市中心以及周边辐射区域，利用现有的森林资源，结合城市林业发展条件，以城市林业产业发展概况为基础，形成具有多类型、多属性、多形态、多功能的城市林业产业。城市休闲林业正逐步成为各地林业和旅游业相结合的产业，代表着林业生产方式和人们生活方式的未来发展趋势。李晓东等（2015）提出，休闲林业是指以林区自然资源为发展基础，以森林旅游参观为主要形式，以休闲消费为主要发展方向的，新时代背景下的林业发展的新方式、新形态和新产业。陈建成等（2015）提出，森林休闲服务业充分发掘利用自然景观、森林环境、民俗风情、休闲养生、林业种养殖、生物多样性等资源，形成依托森林、湿地、荒漠等多种林业自然资源为基础，利用所形成的生态景观、各类资源产品，形成以养生、疗养、游憩、保健、养老、娱乐为主要服务产品，集合林下种养殖及其产品加工、生物医药等现代制造业等多种产业形态融合交叉的多元化多层次综合产业体系。

关于休闲林业发展的意义与重要性，众多学者均有所涉及。吴章文（2003）对森林游憩区保健旅游资源进行了探讨，他提出开发森林资源是提高林业在国民经济中整体地位的重要举措。吴泽民（2006）认为，郊区旅游能给城市人提供亲近大自然的机会和空间。苏孝同（2006）认为，森林休闲产业是 21 世纪以来最具有产业发展前景的黑马。余维可（2010）建议对林业的发展不仅要满足森林产品的需求，还要满足对生态的需求。辛姝玉、张大红（2014）研究表明，北京市林业发展的主要推动力是以林业旅游与休闲、林业生态服务等为主的林业第三产业。赵春飞、蔡进军、赵惊奇（2015）通过对台湾休闲林业经营理念，资源优势及服务水平的分析与总结，提出要增强林业产业发展的附加值，拓宽休闲林业产业的多种功能。邢建莉、任洁（2016）认为发展林业休闲产业必须增强政府导向，建立一个多维度的林业经营模式。

3. 消费者行为理论综述

通过借鉴国外学者对消费者行为的研究，国内学者也越来越关注消费者行为的研究。消费者行为的研究涉猎较为广泛，有消费者行为特征、消费者研究方法以及对消费者生活方式的研究等方面。最早阐述消费者行为理论的是吴世经（1981）的《市场研究的方法与销售经营的战略》。柳奕莹（2002）通过市场调研的方式对消费者行为的个性与态度以及他们与品牌营销的相关性问题进行了研究。刘芬（2009）得出关于消费者行为的三个结论。首先，能够对购买活动产生影响的整个过程是消费者行为；其次，消费者的行为是依托于交换而进行的；最后，消费者决策会被所有参与到消费行为的人而影响。王娟（2012）分析了消费者行为的影响因素，研究个体消费者偏好对行业发展的影响，并通过内部心理因素和外部环境因素来分析行业的业务发展，在此基础上做出假设。赵仕红、常向阳（2013）通过对消费者进行细分，从出游频率、动机、出游时间选择、出游方式和距离、交通方式和消费成本等七个方面对休闲农业市场进行整体分析。李甲贵（2014）从多种角度研究得出，消费者购买行为是为了满足个人或家庭的需求，而发生的商品或服务的购买和使用的有关行为活动。

不同学者对消费者行为内涵的理解也存在差别。朱姝（2009）提出，消费者行为学是指人们在获得、使用以及处理产品（既包括有形的物品也包括无形的服务）时所采取的一系列行为。董昭江（2012）提出，消费者行为是指人们为获得、估量、利用以及处理产品和服务时需要采取的决策行为及在此决策过程中所产生的各项行为活动。张理（2013）从消费者消费心理活动变化角度阐述了消费者在获取、享用以及处置产品及服务过程中的消费行为。张雁白（2016）从决策过程角度对消费者行为进行了解释，认为消费行为是指消费者为获得、利用且处理自己想要物品所采取的一系列决策行动。

其他学者从消费者行为的影响因素角度进行了分析。仇立

（2012）通过对国外已有消费行为模式进行整理汇总，梳理我国消费行为的模式类型。王娟（2012）从消费者自身所具有的内在因素以及影响消费者行为的外在因素入手，研究内外在因素对于产业发展产生的影响，同时从消费者个人消费偏好角度展开对某一行业发展的影响程度。李甲贵（2014）则从经济学、心理学及行为学角度进行了研究，认为消费者购买行为是指消费者为了获取自己或者家庭生活、生存需要所购买的产品或服务而采取的行为活动。

4. 消费者满意度研究

随着国内旅游业的逐步发展，学者对消费者满意度的研究也日渐兴起。目前国内关于消费者满意度的研究有如下几个方面：

在满意度的测评方面，王永清和严浩仁（2000）结合消费者满意度指数、顾客满意度和市场调查数据设计了一个量化的二维评估模型，来研究消费者满意度。汪侠（2004）认为市场的竞争力来自顾客，通过衣食住行等六要素构建了旅游地消费者满意度测评指标体系。万绪才等人（2004）对区域差异性进行研究，尝试对南京市消费者进行满意度评估分析。董观志、杨凤影（2005）认为游客满意度是游客流的根本动力，运用模糊综合评价法建立了测评游客满意度的指标体系。罗琦（2011）在研究中结合评估对象和运营模式，对游客满意度指标体系进行现实评估。刘雷鸣（2013）认为消费者的主观心理感受对建立满意度评估体系非常重要。黄国安（2013）通过借鉴国外学者的测评方法，结合消费者的衣食住行等方面，在消费者心理承受能力的基础上，对中山地区休闲农业园区的消费者满意度进行测评研究。

在满意度的影响因素方面，李玉惠（2006）认为企业的产品和服务质量是衡量消费者满意度的重要指标，认为消费者对产品和服务的认识存在灰色性，故而建立灰色系统理论来分析影响消费者满意度的不完全确知的因素。曹爱稳（2010）认为市场的产品同质化现象较为严重，服务质量的高低对消费者的感知影响程度较大，服务质量和个人因素对交易型消费者可能产生影响，提高服务质量是获得消费者满意的重要途径。李广平（2013）通过实地调研，对影响消费者满意度的各个因子进行分析，并将各个影响因子放入研究体系中进行相关性分析，得出影响消费者满意度的重要因子为服务因素。袁岳（2015）在研究中对消费者满意度的各方面做了分类，并通过构建的指标体系对各种影响因子进行研究得出，顾客的感知在满意度中影响显著，体验在消费者满意度中发挥着关键作用。

通过对国内外消费者满意度的研究可以看出，满意度的研究已经从定性研究转向定量研究。但定量研究主要集中在景区满意度测评和消费者满意度评价体系上。关于影响因素的研究相对较少且不够系统全面。而研究消费者满意度影响因素是最能够反映消费者的关注点以及反映所研究区域存在的问题，同时可以帮助管理者更好地提出营销策略。

5. 休闲农业消费理论综述

王跃伟（2009）通过对休闲农业园区进行影响因素的信度分析、影响因素的因子分析，及影响因素的描述性统计分析得出影响消费者行为的因素可分为九类，并且认为消费者对休闲农业园区不同影响因素的重要性程度评价不同，影响因素重要程度的排序还需利用主成分分析方法进行模型构建。刘敏（2012）分别从休闲农业旅游消费行为的影响因素、休闲农业旅游消费的决策行为过程、休闲农业旅游消费的消费行为特性以及休闲农业旅游消费行为模式等四方面对休闲农业旅游消费行为进行了理论分析。蒋颖、聂华（2014）运用 SPSS 中的线性回归分析法和因子分析方法对休闲农业消费者消费行为影响因素进行了分析。杨伊侬（2014）通过对现有消费行为进行分析，整理得出促进休闲消费市场更好发展的建议。林秀治（2016）通过因子分析方法分析休闲农业经营组织环境及影响因素。

随着国内休闲农业发展逐渐成熟，越来越多的学者注意到从消费者行为角度对休闲农业进行研究的重要性，这些研究不仅开拓了休闲农业研究的新方向、更好捕捉消费市场信息，同时为作者从消费行为角度进行休闲林业研究奠定了良好的理论基础。

6. 休闲农业类型综述

秦秀红（2010）认为发达国家和地区休闲农业主要类型包括休闲观光型、参与劳作度假型、租赁型、科技型及奇异型。冯建国（2012）通过对国内外现有类型进行汇总整理，为我国休闲农业园区建设发展提供意见，并总结出北京市现有的休闲农业园区类型包括观光采摘型、科普教育型、市民农园型、休闲观光型、种植体验型、文化创意型及公园游憩型等七种类型。潘辉（2015）提出台湾现有的休闲农业发展类型涵盖农特产业型、文化导向型、自然生态型、服务导向型以及综合导向型等五种。

7. 林业产业结构研究

关于林业产业结构，学者们从不同角度进行了研究分析。李雪玲（2018）以 2014 年全国林区作为研究对象，从林业产业总产值、林业三次产业比例、林业工业化程度等方面进行分析与评价，认为林业产业结构优化和升级可促进现代林业的发展。王立磊（2010）运用灰色关联度分析出林业产业结构变化对林业产业总产值的贡献率和影响程度产生变化，林业第二产业产值与总产值关联度最大。黄琼（2017）认为，林业产业结构的调整可以推动集约型经济增长模式的有效转变以及林业核心竞争力的提升。王静波（2017）通过研究黑龙江省国有林区产业结构，提出发展主导林业产业、推动林业产业结构调整和优化，从而带动林区经济快速发展的构想。张惠成（2017）认为林业结构应随着市场经济的发展变化及时调整，从而保证林业产业的发展与经济发展态势相呼应。朴仁淑等（2015）提出，优化林业结构、合理利用林业资源是可持续发展的必然要求。

总体上，目前国内关于休闲林业的研究相对较少，上述各方面的研究成果则为本研究的开展提供了极为有益的经验借鉴。本研究旨在借鉴前人的宝贵经验和汲取各位专家学者智慧的基础上，对北京休闲林业的发展进行研究，并提出相应的建议，以期为大都市地区休闲林业产业发展提供参考。

1.4 研究方法

1.4.1 问卷与访谈相结合的方法

本研究主要开展两次问卷调查。首先，从消费行为角度对北京市休闲林业消费者进行问卷走访调查。调查内容主要涉及消费者基本情况调查、消费行为调查、消费意愿及态度调查、影响因素调查等四方面，为研究北京休闲林业消费市场基本需求奠定基础。调查问卷中的开放性题目在调研过程中采取访谈方式获取消费者信息（包括对休闲林业发展的看法，目前存在的问题，对未来休闲林业发展的展望等）。

其次，基于消费者满意度角度对北京休闲林业消费者开展问卷调查。调查内容主要涉及消费者个人特征、休闲消费需求、休闲消费动机、休闲消费行为以及消费者体验前的期望和体验后的满意度等方面，为研究北京休闲林业消费满意度奠定基础。

1.4.2 数据统计分析法

通过对调查数据进行处理分析，运用描述性统计分析方法、定义多重响应集法，剖析北京市居民休闲林业消费行为的市场现状，运用信度分析法对调查数据进行信度分析，最后运用影响因素分值法和主成分分析方法得出影响北京市居民消费行为最显著的因素。

运用因子分析法对北京市休闲林业消费者影响因素进行分析，从中提取出有效因子，得出影响北京市休闲林业消费者满意度的具体因素。

运用回归分析法选取自变量及因变量，分析北京市休闲林业消费者满意度与各影响因素以及个人特征的相关程度。

1.4.3 ASEB 栅格分析法

从消费者体验角度在活动、环境、体验、利益四个层面上分析各自的优势、劣势、机遇和威胁等，对消费者体验前的期望和体验后的满意度各方面进行综合评价。

第2章　休闲林业发展相关基础理论

休闲林业是一个交叉学科，它的形成与发展需要以经济学、管理学、社会学、生态学、林学等多个学科领域的知识为基础。从经济学角度看，休闲林业作为休闲产业的一个分支，其发展必须遵循休闲经济理论。从社会学角度看，休闲行为的产生必定要以一定的动机为前提，并遵循客观的行为规律。从生态学角度看，休闲林业的发展与规划必须要以景观生态学和景观美学理论为指导。

2.1　经济学理论

2.1.1　休闲经济理论

1. 休闲经济的内涵

（1）休闲经济的形成。休闲经济是指建立在休闲的大众化基础之上，由休闲消费需求和休闲产品供给构筑的经济，是人类社会发展到大众普遍拥有大量的闲暇时间和剩余财富的时代而产生的经济现象。休闲经济一方面体现着人们在闲暇时间的休闲消费活动；另一方面，也体现着休闲产业对于休闲消费品的生产活动。它主要研究的是人在休闲行为中的投入与产出、休闲行业所创造的价值、休闲经济的运行规律、休闲行为和经济的变量关系等。休闲经济的兴起是人类社会发展的必然，也是人类社会文明进步的标志，它是人类社会经济的高级形态，从本质上讲休闲经济是人类改造自身获得全面发展的需求而引起的一种经济现象。

休闲经济的形成至少需要以下六个条件：①高度的物质文明。

休闲经济是建立在物质文明基础之上的经济。伴随着生产力的发展，社会剩余产品不断增加，为人们休闲提供了物质基础。没有发达的第一、第二产业和第三产业，休闲经济不可能形成。②完善的休闲供给。改善休闲供给条件，提高休闲供给效率，在短期内可以扩大需求，使休闲经济进一步高涨。③充足的制度供给。④休闲时间的增加。休闲时间是实现休闲消费的前提条件。⑤大众休闲时代的来临。时至今日，休闲经济已经不是少数人构成的"有闲阶级"的经济，而是大众化的经济。而大众休闲时代的来临，正是休闲经济形成的社会基础。⑥现代休闲消费观念的确立。确立现代休闲消费理念，是休闲经济所必备的条件。现代休闲消费观念要求消费者树立休闲和工作同等重要的理念，变封闭式消费观念为开放式消费观念，释放休闲消费潜能。

（2）休闲需求与休闲供给。

①休闲需求。休闲需求是指当前休闲主体利用休闲对象的水平以及未来希望利用的数量，是个人的休闲活动以大众化的形式表现出来的。它不仅包括当前实际观察到的休闲活动，还包括未来的休闲行为需要。因此，休闲需求有一种行动趋向性，是反映潜在的行动倾向的概念，是进行休闲活动、利用休闲设施及空间的个人爱好或欲望倾向。

休闲需求的类型可分为三种：有效需求、延期需求和潜在需求。

有效需求是指实际参加或消费休闲服务的数量。有效需求取决于休闲时间、休闲者年龄、交通条件以及其他社会经济背景等因素。延期需求是指有参加休闲活动的能力，但由于缺乏休闲信息或休闲设施等原因而没有实现的需求。潜在需求是指由于自身社会、经济、环境等原因无法参加休闲活动，但希望未来能参加的需求。所有的人都有潜在的休闲需求，但它没有反映在现实的休闲利用中。

休闲需求的决定因素有收入水平、教育水平、职业、性别、年龄、家庭生命周期等，这些因素通过对休闲消费的心理和行为的影响而表现出来。

②休闲供给。休闲供给是指在休闲现象中，满足休闲利用者休闲需求的休闲资源、休闲产业等的总和，它往往也包括促进休闲活动的教育、项目等的开发和提供。

休闲供给的组成要素有直接满足休闲需求的主要供给要素和间接满足休闲需求的次要供给要素。主要供给要素指的是特定的休闲空间及主要设施本身，而次要供给要素指的是辅助人们顺利使用主要供给要素的补充型休闲空间及设施等。

休闲供给的决定因素包括如下几方面：

a. 休闲容量。指在不明显引起资源的生物性和物理性变化或者不严重影响休闲体验的前提下，休闲设施所能提供的休闲机会的数量。休闲容量是衡量休闲资源接待能力十分有用的工具。

b. 可进入性。可进入性是增加休闲资源利用率的重要变量。对于利用者导向型的休闲资源来说，可进入性是休闲供给的首要考虑因素。

c. 资源管理。休闲资源管理是提高资源价值和供给质量的重要途径。资源的性质和类型对资源管理方式和内容有决定性影响。

d. 活动项目。休闲活动项目的类型主要有身体活动项目、知识性活动项目、艺术活动项目、社交活动项目、实习活动项目、特别项目等。

③休闲供求的影响因素。

a. 政治因素。政治和政策会极大影响国民的休闲活动。大部分现代国家为了提高人们的福利，从政策上积极努力地保护休闲空间，制定了缩短劳动时间、实行带薪休假等制度。各国的休闲政策有显著的差异，发达国家主要致力于提高低收入层的福利，其基本理念是认定休闲是基本需要，体现机会均等。而发展中国家的享受者主要是中、低收入层，主要通过政府来健全休闲以提高生产效率，普及休闲理念。

b. 经济因素。国家的整个经济状况在很大程度上影响人们休闲活动的数量、形式以及休闲意识。个人收入直接影响休闲支出的情况。如果经济发展增加家庭可支配收入，那么家庭消费能力也会提高。家庭可支配收入的增加自然会促进更高层次的文化生活的消费活动，而逐渐形成的新的休闲价值观也会进一步促进更加丰富多彩的文化休闲活动。

c. 社会文化因素。影响休闲的社会文化因素是指社会、文化环境整体。社会环境是指人口统计因素，包括人口规模、出生率、死亡率、人口密度、人口分布、人口增减、人口流动、结婚及离婚率等。影响休闲的人口统计因素主要有人口的增减、因老龄人口的增加而引起的人口结构的变化、家庭结构的变化等。文化环境包括个人意识、生活方式、价值观等。由于文化差异，不同群体具有不同的传统风俗、生活方式和价值观，其休闲空间、休闲设施及休闲形态、休闲内容也各不相同。

d. 技术因素。技术的发展直接或间接地影响休闲。快速和舒适的交通手段不仅提高休闲空间和设施的可进入性，还能实现休闲活动空间的扩大；发达的媒体及通信提供快捷又丰富的休闲信息，从而影响休闲供求。此外，应用尖端技术开发的新的休闲设施诱发新的休闲活动形式，导致休闲供给的增加和多样化。

e. 生态因素。城市生活环境的破坏迫使城市人口进行野外娱乐和休闲旅游，而休闲空间和设施、生态系统的休闲容量超载，加速休闲资源的破坏和污染，最终导致环境破坏、休闲供需不均衡等问题。

2. 休闲经济理论在休闲林业中的应用

经济学产生于一种发展不平衡状态，这种不平衡状态来源于可使用资源的稀缺性与人们需求无限性之间的矛盾。休闲产业与所有的经济领域一样，都存在着资源稀缺性的问题。从微观经济学角度看，对于正常商品，当消费者收入增加时，会促使该商品消费需求的增加；社会的进步和科学技术的发展则会增加新的商品供给，同时降低现有产品的价格。由休闲经济理论可知，经济的发展和社会的进步是休闲经济产生及发展的前提条件。若把休闲产品及服务视为一种商品，当人们收入增加到一定程度时，会逐渐增加对休闲产品及服务的需求（当然，人们收入的增加是与闲暇时间的减少存在一定相关性的。但当经济发展到较高阶段时，人们将会以放弃部分收入为机会成本，去换取更多的闲暇时间，即可视为对休闲产品及服务的购买）；而休闲条件的改善、技术的进步又为休闲服务的增加提供了可能。近年来，随着我国经济的发展，越来越多的人选择外出旅游作为一种休闲方式，"假日经济"现象即为有力例证。

"假日经济"是休闲经济的特殊表现形式，是休闲产业的一个缩影。随着国民经济的发展，越来越多的人选择旅游作为一种休闲方式，这在客观上为休闲林业的发展提供了巨大的客源市场。森林资源、自然景观、生态环境等都是休闲林业重要的资源，是提供休闲供给的前提条件。此外，同其他大多数经济活动一样，休闲产业的发展也会在一定程度上受到政府的干预。在我国部分大城市，休闲林业已成为繁荣林业经济的重要力量，各级政府部门也越来越重视休闲林业的发展，并在政策、资金、技术、信息等方面给予大力支持，为休闲林业的进一步发展创造了良好条件。

2.1.2 森林资源经济学理论

森林资源经济学是研究森林资源与社会经济相互关系及其发展规律的交叉学科。

1. 森林资源经济系统及特征

森林资源是森林生态系统内一切被人所认识的可利用资源的总称，包括森林、散生木（竹）、林地以及林内植物、动物、微生物、森林环境和森林景观等。

森林资源经济系统是由森林资源系统和经济系统，在特定的社会系统里，通过技术中介以及人类劳动过程所构成的物质循环、能量转化、价值增值和信息传递的结构单元。森林资源经济系统的最终目标是在林区社会（社区），把物质、能量、价值和信息，相互协调为一个投入产出良性循环的有机整体。其具有森林资源系统的耦合性、有序性及利用最有效的方法和手段，以最小的代价，促使系统实现最理想目标的优化性。

2. 森林资源经济系统的效益—成本分析方法

森林资源经济学理论运用边际分析原理对林业经济系统进行效益—成本分析，通过计算边际效益和边际成本进行比较。如果系统的边际效益大于边际成本，可以增加产量；如果系统的边际效益小于边际成本，就要减少产量；当系统的边际效益等于边际成本时，利润达到最大化。

该理论针对森林资源的特殊性，要求在林业经济系统生产过程中优化资源配置，最大限度地降低生产成本，获得最优的经济生态效益。强调在经营森林的过程中不能割裂经济效益和生态效益的联系，而应追求二者的综合，即最佳的生态经济效益。认清生态效益和经济效益是一种伴生、互为因果的关系。只有将二者放在同等重要的位置上，在提高生态效益中取得高的经济效益，在提高经济效益中追求高的生态效益，使经济效益和生态效益协同一致，从而取得最佳的经济生态效益。使森林的物质生产和生态环境生产达到最经济的分配状况——帕累托最优。实现森林物质产品和生态环境产品的边际效益和边际成本相一致，以及生产这两种产品的边际交换率和社会消费的边际替代率相一致。

根据森林资源经济学理论，森林景观也是一种可开发利用的森林资源。利用森林资源开展休闲林业活动，能够有助于实现资源利用效益最大化。

2.1.3　多功能林业理论

森林作为陆地生态系统的主体，除能生产木材等林产品外，还有涵养水源、保持土壤、净化环境、美化景观、休闲旅游等多种功能。多功能林业是指管理一定面积的森林，使其能够提供林业和野生动物保护、木材产品生产、休闲、美学、湿地保护、历史和科学价值等功能中的两种或以上。很多学者提到多功能林业思想时会引用德国的"近自然林业"思想及美国的"新林业"思想，或通过研究美国等发达国家的林业实践来得出经验。我国历史上，从先秦时期开始，人们就已经认识到森林具有多种功能。经过历代发展，人们对森林多功能的认识逐步深入。新中国成立后，中国社会经济、政治、文化都发生了巨大的变化，取得了举世瞩目的成就，林业也不例外。众多林业专家和学者立足前人研究基础并结合当时的国情开展相关研究，在多功能林业领域又有了长足的进步。

当前，生态环境问题日益突出，党中央国务院越来越重视林业的作用，在 2009 年召开的首次中央林业工作会议上，充分肯定了林业在促进国家经济社会发展中的特殊地位和突出作用，号召加快林业改革和发展，拓展林业的内涵和外延，开发林业的多种功能，满足社会对林业的多样化需求，并指出这已成为我国现代化建设的一项紧迫任务。随着我国社会经济快速发展，对林业的多功能需求迅速增长，这是林业发展的新机遇，也是林业发展必须面临的巨大挑战。

按照多功能林业理论，在林业发展规划、森林培育与恢复、森林经营与利用等过程中，从局地、区域、国家到全球的角度，在依据社会经济和自然条件正确选择一个或多个主导功能利用并且不危及其他生态系统的条件下，合理保护、不断提升和持续利用客观存在的林木和林地的生态、经济、社会和文化等所有功能，以最大限度地持久发挥林业对整个经济社会发展的支持作用。多功能林业理念与现代林业并不矛盾，多功能林业既体现了现代林业的基本内涵，也体现了林业可持续发展的目标和途径，即多功能林业更多地强调如何通过合理规划与科学经营来实现林业可持续发展的目标，从而跨入现代林业阶段。

2.1.4　产业融合理论

国外关于产业融合的研究出现较早，这个概念最早出现在信息通信业，大部分学者都认同产业融合是产业创新的结果，具体表现为产业边界的日趋模糊和具有融合性产业性质的新型产业形态的出现。最初关于产业融合的研究只是关注技术层面的关联性。之后，相关研究视角逐渐从技术关联，延伸到产品、产业和市场关联。

产业融合（Industry Convergence）是指不同产业或同一产业不同行业相互渗透、相互交叉，最终融合为一体，逐步形成新产业的动态发展过程。产业融合是在经济全球化、高新技术迅速发展的大背景下，产业提高生产率和竞争力的一种发展模式和产业组织形式。它不是几个产业简单的相加，而是通过相互作用、相互渗透，逐渐融为一体，并显现出新的产业属性和新的产业形态。

1996 年，日本学者今村奈良臣提出了"第六产业"的概念，即通过鼓励农户发展多种经营（包括第一产业、第二产业和第三产业）来获得更多价值增值，因而他认为第六产业具有三产融合发展的意味，要求三产实现一体化。"第六产业"的概念对于我国提出农村产业融合发展战略具有重要影响，至此学术领域开始应用产业融合的观点来研究农业和农村的发展问题。

农村产业融合是以农业为基本依托，以新型经营主体为引领，以利益联结为纽带，通过产业联动、要素集聚、技术渗透、体制创新等方式，将资本、技术以及资源要素进行跨界集约化配置，使农业生产、农产品加工和销售、餐饮、休闲以及其他服务业有机地整合在一起，使得农村第一二三产业之间紧密相连、协同发展，最终实现农业产业链延伸、产业范围扩展和农民增收。农村产业融合发展涉及农业与二三产业的融合发展，具体包含农业内部不同产业的融合、农业与其他产业的融合以及科技对农业的渗透融合等形式。

休闲林业即是农村产业融合发展出现的新型业态，它是林业与休闲旅游业交叉融合的产物，对于拓展林业多功能性、开发林业资源价值具有重要意义。休闲林业融与林业相关的一产（植树育林护林）、二产（木材加工、食品加工、手工艺品）、三产（观光度假、绿色餐饮、康养健身、文娱体育、科普研修等）为一体，将成为现代林业的先导产业，进而成为林业经济的支柱产业。

2.2 社会学理论

2.2.1 休闲动机理论

休闲动机是指引起、引导和整合个人休闲活动，并导致该休闲活动朝向某一目标的内在心理过程，休闲动机是产生休闲活动的主观原因。

休闲活动产生的原因很多，但休闲动机是产生休闲行为的多个约束变量中最为关键的一个。动机既可能是自动产生的，也可能是被迫产生的。动机本身无法直接观察，只能依据动机引起的行为和行为表现推理，而行为表现多种多样，有的与生存有关，有的与生活有关。但总体而言可分为两大类：一是生理性动机，指某种行为是由个体生理变化而产生的内在需求导致的，多是与生俱来的。二是心理性动机，引起个体各种行为的内在心理性原因，多是经由学习而获得的。常用的休闲动机理论主要有三种：

1. 不平衡理论

人类休闲行为的动机既可以来自生理方面，也可以来自心理方面。生理方面的内驱力是人体维持、恢复生理平衡状态和发展生理状态的产物。这种调节和维持平衡的机制受人的自主神经系

统的支配和控制。人类的生理状态和生理天赋是产生休闲的原因
之一。

同自然人的机体内部的生理活动状态需要保持平衡一样，社会
人的心理状态也同样需要维持一定的平衡。心理上的稳定均衡状态
是身心健康的表现。这种平衡既包括认知上的平衡，也包括情感上
的平衡。只有心理上获得了平衡，人才会平和知足。心理上若不平
衡，人就会感到焦虑烦躁，由此就会驱使人去从事活动以恢复心理
平衡，这就是心理驱动力。心理动机是人在社会生活中学习的产
物，是后天的。

生活在不同社会环境中的人也会产生不同的、甚至截然相反的
心理需要；不同的休闲行为和休闲环境对需要的满足程度也是各不
相同的。就休闲林业而言，由于长期、紧张、繁忙的城市生活割裂
了居民与大自然的亲密接触，城市居民缺乏对林业的认知，享受
不到舒适的森林景观。久之，都市人将产生一种不平衡感，选择
休闲林业旅游即是他们为满足需要、达到新的均衡而做出的相应
行为。

2. 熟悉理论

熟悉理论认为，休闲者是出于习惯才从事某些休闲活动的，这
些人将休闲行为和习惯融为一体。熟悉理论的基本假设是：那些人
已在社会生存中觅得一条舒适、安全、自在的生存或消遣的道路。
这一理论将休闲行为与惯例、习性相连。休闲者是因为习惯或不肯
打破常规而从事某种休闲活动，借此可获得熟悉而又可靠的休闲
收益。

休闲林业中有部分游客为中老年人群，这些人大多又都是从农
村迁移到城市中居住的，当他们脱离原来熟悉的农村生活场景，久
居城市时，在心理上将会产生一定的不适应感及对自然生态的眷恋
情绪，即所谓怀旧心理。这种心理驱使这部分人群对于利用休息日
去乡下体验休闲林业产生较强的需求。

3. 需要层次理论

需要是个体对内外环境的客观需求的反映，表现为个体的主观状态和个性倾向性。一个人在出现生理或心理失衡时就会产生需要。这些需要有时表现得十分微弱，不足以激发一个人的行为。但有时，当这种失衡达到不予以满足就影响人的生命或生活时，就会演变成明显的需要倾向。因而可以说，人类的行为是为了满足这种需要而产生的。很多心理学家和社会学家对这种需要进行了研究，并得出各种各样的结论。其中最常用的是马斯洛的需求层次理论。

马斯洛理论的基本假设是：第一，人类的需要是按照一定层次排列的，由最低层次上升到最高层次；第二，如果某种需要得到满足，那么这种需要不能再诱发动机；第三，低层次需要得到满足以后就会上升到更高一层需要。

马斯洛主张人类的需要分五个层次或阶段，按重要性依次是生理需要、安全需要、社会需要、尊重需要和自我实现需要。根据该理论，生理需要是人类维持生命的需要，如饮食、衣服、居住等方面的需要。这些基本需要未得到满足之前，人们的大部分行为只停留在为满足生理需要的阶段，基本上不会受到其他层次需要的刺激。当生理需要得到一定程度的满足以后，人们会产生安全的需要，即保障人身安全的需要，如保险、医疗、保健以及防老、避免失业等需要。依此类推，生理需要和安全需要得到一定程度满足后，人们会产生社会需要，即爱和归属的需要。表现为生活在社会中的人，重视人与人之间的交往（友谊、忠诚），希望爱和被爱，希望归属一个集团或群体，互相关心、互相照顾等。在社会需要得到一定程度满足后，则会产生尊重需要，即自尊、名誉、地位和权力的需要。自我实现需要是尊重需要得到一定程度满足后出现的，主要表现为不断地自我发展、极大地发挥潜力、寻找自我、实现自我等。

根据马斯洛的需求层次理论，当物质生活水平提高，人们的衣、食、住等基本生理需要得以满足后，将倾向于追求高层次的精神生活，人类需求将由生存型逐步向发展型、享受型转变。休闲林业即是满足城市居民精神需求的一种典型产业。休闲林业体验者到野外呼吸新鲜空气、欣赏自然景观、参与体验活动，有利于调整身心，追求身体状态的稳定，满足身体需要；逃离熟悉、单调的都市生活，到林间享受乡野情趣，在"水泥森林"外开拓生活的第三空间，能够满足人们的好奇心和新鲜感，满足冒险需要和变化需要；亲朋好友利用节假日结伴而行，到郊外游玩，有助于建立新的社交范围，巩固原有的社交关系，满足归属需要和社会需要。

依据马斯洛所提出的金字塔需求理论，休闲林业应由低层次不断向高层次拓展。即满足人们由生理、安全、社会到自我实现的需求。

图 2-1　休闲林业发展需求图

随着社会进步，人们的需要将会进一步朝着高级化的方向发展，人们对休闲林业的消费需求也将发生新的变化。然而，目前我国大部分地区休闲林业仍停留在休闲观光、运动健身的较低阶段，且存在着项目雷同、低水平重复建设现象，无法满足人们多层次的需要。因此，休闲林业未来的发展要适应市场需求的变化趋势，丰富文化内涵，开发出能够满足市民多元化、多层次、多地域消费特征的特色休闲项目。

2.2.2　消费行为学理论

消费者行为是感情和认知、行为，以及与环境因素之间的动态互动过程。一般从经济学、心理学、社会学和人类学的视角对消费者行为进行研究。消费者购买行为是指消费者在一定的购买欲望的支配下，为了满足某种需求而购买商品的活动过程。研究消费者行为就是要掌握消费者如何做决定，把资源用于有关消费的事项上，了解他们购买什么、何时购买、何处购买、由谁购买、为何购买，这就是反映消费者购买规律的"5W"理论。

休闲林业消费实质上就是林业休闲体验者对相关休闲产品及服务的消费。休闲林业消费者行为是消费者为了满足休闲需求，选择、咨询、决策、购买、享用和反馈休闲产品和服务的一系列行为过程总和。它是贯穿于整个休闲过程的全部行为表现，是一个复杂过程，包括休闲者收集有关休闲产品和服务的信息而产生的购买动机（动机行为），并经过对信息的筛选比较做出购买决策（决策行为），进行休闲活动及事后评价的全过程。

休闲消费者行为研究有如下几个基本假定前提：第一，休闲消费者的行为是有目的的。第二，休闲消费者具有选择的余地。各种信息和备选方案都经过细致的筛选过程。第三，休闲消费者行为是一个序列性的过程，购买行为只是这个过程中的一个中间环节。在购买之前和之后，都存在大量的影响休闲消费者行为的因素。第四，对休闲消费者行为可以施加影响，但前提是已经了解了休闲消费者的需要、欲望和问题。第五，休闲消费者也需要教育或引导。

休闲者购买决策过程的各个环节都受到多种因素的综合的、交叉的影响。这些因素包括：第一，背景因素，如文化、亚文化、社会阶层等。第二，人口统计因素，如年龄、性别、家庭及其生命周期、职业、收入、受教育程度等。第三，心理因素，如需要、动机、知觉、学习、信念与态度、个性等。第四，生活方式。第五，限制因素，如参照群体、产品价格等。

因此，在进行休闲林业营销时，要着重抓住休闲体验者进行休闲决策的几个关键环节进行分析，并对休闲消费者的相关信息进行调研。如这些消费者的个人特征是什么？他们进行休闲体验的动机和目的是什么？他们是通过哪些渠道获取的休闲林业供给信息？他们普遍的休闲时间是什么时候？用于休闲体验的消费支出一般为多少？等等。只有对相关市场信息进行深入的调查研究，才能更好地了解和把握消费者的休闲体验心理，进而对其消费行为进行准确的预测，并以对休闲市场的预测结果为依据，进行休闲资源的配置，实现休闲产品及服务的有效供给。

2.3　生态学理论

2.3.1　景观美学理论

景观是具有多重价值的地理实体，通常它具有经济（区位、生产力）、生态与美学三方面的特性与价值。

景观美学是应用美学理论研究景观艺术的美学特征和规律的学科。景观美学涉及的范围甚广，除了对美学基本原理的运用，还包括民俗、艺术等方面的内容，它是生态美学和环境美学的具象化和人居化，是建筑美学的延伸和拓展。

景观美学的理论建构中应该始终体现功能性、艺术性和生态性相统一的原则。这既是从景观设计与规划艺术自身发展的特点和规律提出的要求，也适应了当今城市化进程中应该尊重自然保护环境，走可持续发展之路的需要。此外，设计适度性原则、文化传承性原则、地域化原则等也均是在当代审美文化与和谐社会的城市文化建设实践的有机体中多层次、多方位、动态地提升景观美学的理论建构水平和现实审美价值的题中之意。

休闲林业的景观有其特殊的美学价值，有自然风景美、文化景观美、工程设施美、生态和谐美等。从农村地理学角度看，农村景观景致是在农村地区具有一致的自然地理基础、利用程度和发展过程相似、形态结构及功能相似或共轭、各组成要素相互联系、协调统一的基础上存在的。它是指农村地域范围内不同土地单元镶嵌而成的嵌块体，包括森林、农田、果园及人工林地、农场、牧场、水域和村庄等生态系统，以农业特征为主，是人类在自然景观的基础上建立起来的自然生态结构与人为特征的综合体。

景观美学是景观师对生活（包括自然）的审美意识（思想感情、审美趣味、审美理想等）和优美的景观形式的有机统一，是自然美、艺术美和社会美的高度融合。景观美学原理对休闲林业园区的景观设计具有重要的指导作用，能够深化设计者对自然景观、人工景观和人文景观进行感性认识和理性认知，并更好地把握大众审美心理。

2.3.2 景观生态学理论

景观生态学是在 20 世纪 60 年代的欧洲形成的，到 20 世纪 80 年代为北美所普遍接受。它是研究在一个相当大的区域内，由许多不同生态系统所组成的整体（即景观）的空间结构、相互作用、协调功能及动态变化的一门生态学新分支。景观生态学理论是结合生态学思想的景观规划把景观客体和人看作一个生态系统来设计，认为景观质量是由景观客体中相互依赖且呈动态和整体特征的各个部分所决定。与传统生态学研究相比，景观生态学更加强调空间异质性、等级结构和尺度在研究生态学格局和过程中的重要性，以及人类活动对生态学系统的影响，尤其突出空间结构和生态过程在多个尺度上的相互作用。

每个生态系统即景观要素都由其中的植物、动物、生物量等组成并在景观中呈异质性分布。景观异质性的特点决定了没有任何景观可以在自然条件下达到同质性，也决定了景观的多样性。景观系统在结构和功能方面随时间推移而不停地发生变化，即景观变化。景观的变化是一个缓慢而长期的永恒的过程。影响景观变化的因素主要包括自然因素和人类行为因素。

景观生态学对时空尺度和人文因素的综合考虑使得它成为景观规划设计的中心理论。景观生态规划的主要特点体现在规划思想上的多角度、多层次的综合性、宏观性及开放性。景观生态规划原理是在对各种设计思想兼收并蓄基础上形成的，以地理学的格局研究与生态学的过程研究相结合作为原理的核心，吸收园林及建筑美学思想，综合考虑社会学、经济学、环境学、文化人类学等因素，并强调规划设计的动态调整。

为了在生态环境可持续发展的基础上创造经济利益以达到生产发展的目的，休闲林业在进行景观规划和设计时，要根据景观生态学的原理和方法，合理地规划景观空间结构，使景观要素的数量及其空间分布合理化，使景观不仅具有一定的美学价值而且符合景观生态学原理。

2.3.3 生态演替理论

生态学强调生物与环境的相互关系，生态演替理论中对休闲林业的建设有指导作用的包括演替系列理论、顶级理论等。

演替是指在植物群落发展变化过程中，由低级到高级，由简单到复杂，一个阶段接着一个阶段，一个群落代替另一个群落的自然演变现象。从植物的定居开始，到形成稳定的植物群落为止的过程即为演替系列。演替系列中的每一个明显的步骤，称为演替阶段或演替时期。演替系列理论即朝着顶级发展的各系列群落，其组成、结构、稳定性、生产力等均不同。越向顶级，组成与结构越复杂，稳定性越高，但净生产力越低。休闲林业园区内的主要植被要求稳定性高，即顶级。但部分林区如果树林、经济林和生产性林木，其抚育要求与当地植被完全不同，需要演替理论指导。

在演替顶级理论中，任何一类演替都经过迁移、定居、群聚、竞争、反应、稳定六个阶段；到达稳定阶段的植被，就是和当地气候条件保持协调和平衡的植被，这个演替的终点就是演替顶级。休闲林业园区内的植被，是一种永续利用的资源，因此必须遵循利用顶级理论，保护和创造与当地气候环境相适应的顶级植物群落。生态演替理论对于休闲林业园区的建设管理，有积极的指导作用。休闲林业园区，能利用现有处于顶级前的植物群落，使其自然演替是一个方面，但很多园区往往重新造林，是有意识促使植物群落向顶级发展。

2.3.4 生物多样性理论

生物多样性是描述自然界生命形式多样性程度的一个内容广泛的概念，是指地球上所有生物（包括动物、植物、微生物等）、它们所包含的基因，以及由这些生物和环境相互作用所构成的物种内、物种之间和生态系统的多样化程度。生物多样性通常包括遗传（基因）多样性、物种多样性和生态系统多样性三个组成部分。

生物多样性的价值实质上是指人们对生物资源被利用的方式，在不同国家和不同文化之间存在着差异，这主要是由于社会现状、社会偏好、科技发展程度及收入和财富分配状况而造成的。总体来看，生物多样性的价值主要体现在以下几个方面。第一，生物多样性具有商品流通价值，人类生活所必需的食品、药物、衣物等大多直接或间接的来源于生物多样性。如吃的五谷杂粮、鸡鸭鱼肉、蔬菜水果、鱼虾螃蟹，穿的棉毛绸缎，使用的工具、家具等。第二，生物多样性具有娱乐的价值，人类所种植的家居植物、饲养的动物宠物给所有人带来了精神上的愉悦和快乐。第三，生物多样性具有美学价值。美是人们生活中的重要元素，尽管地域不同，大多数文化都表明动植物的美对人类产生巨大的影响。第四，生物多样性具有文化价值。在一些原始部落中，原住民将狩猎所得的猕猴和野猪骨骼悬挂起来，展示其英勇事迹，借此获得较高的社会地位。因此野生动物在原住民的生活中产生了文化的意义。不同的生物在各地的民族（包括现代社会）中，也都具有一定的文化价值。第五，生物多样性具有科学价值。科学家实验中使用的许多材料来源于生物世界，从对这些生物材料的研究上，人们慢慢地认识生命的特性，可是说生命科学的发展离不开多样的遗传基因、物种和生态系统。最后，生物多样性具有伦理的价值。《生物多样性公约》的序言特别提到生物多样性的固有价值（或称内在价值，intrinsic value），就是说伦理上的评判会影响人们的偏好，进而能被转化为人们保护生物多样性的意愿。

2.3.5　生态经济学的自然资本观

人是自然与社会的存在物，是生态人、经济人、社会人的有机统一体。然而，人作为一种生命物种，首先是生态人，是自然界的一部分，人的自然生命受制于自然界。所谓生态人是指顺应生态发展规律，与自然环境和谐共处的人。生态人内涵既有代内人与人之间的关系、人与自然和谐相处的关系，又有代际关系处理的原则，如资源的代际配置、当代人对后代人负有道义责任等。

生态资本是存在于自然界可用于人类经济社会活动的自然资源，其本质是人造的自然资产。生态资本主要包括四个方面的内容：一是能够直接进入当前社会生产与再生产过程的资源环境，即自然资源总量（可更新的和不可更新的）和环境消耗并转化废物的能力（环境的自净能力）；二是自然资源及环境的质量变化和再生量变化，即生态潜力；三是生态环境质量，主要是指生态系统水环境质量、大气环境质量等各种生态因子为人类生存和社会生产消费所提供的必需的环境资源；四是生态系统整体的使用价值，如美丽的风景具有向人们提供美感、娱乐休息，以至满足人类精神文明、道德需求等生态服务功能，其呈现出来的是各环境要素的总体状态对人类社会生存与发展的有用性。随着社会的发展，生态资本在现代经济社会发展中的作用日益重要。

生态效益与经济效益是相互制约、相互联系、相互促进的矛盾统一体，只要处理得当，两者协调发展，相得益彰。良好的生态效益是经济效益持续发展的基础，良好的经济效益是良好生态效益的必然结果。完全脱离经济效益的生态工程是不会有什么良好的生态效益，也是没有生命力的。完全脱离甚至以破坏生态效益为代价的经济建设，其效益是不会持久的。

在发展森林旅游时，要充分运用生态资本运营观，在适宜的地区发展与周边自然环境和资源相适应的生产模式，以实现生态效益和经济效益的和谐统一。

第3章　国内外休闲林业
发展概况

发展休闲产业是国际化的大趋势。国外休闲林业发展起步早、速度快，代表性国家主要有德国、美国、日本等。国外休闲林业发展方式主要以森林旅游和生态旅游为主，其中，森林旅游作为一种独具特色的旅游方式，越来越受到世界各国的重视，并逐渐发展成为一项新兴的旅游产业。从国内休闲林业发展看，随着人们休闲消费需求的升级和林业产业转型发展的需要，休闲林业得到了较快发展。尤其是近年随着集体林权制度改革的不断深入，林业经营机制体制不断创新，极大地释放了林业生产力，进一步助推了休闲林业发展。

3.1　国外休闲林业概况

森林旅游已在全世界形成了一股热潮，并成为人们休闲娱乐的新时尚。不同国家的城市休闲林业在建设上有所差异，目的和宗旨也不尽相同。如美国92％以上的林地（包括公有林地和私有林地）都允许公众进入，进行户外游憩，每年森林旅游超过20亿人次，年消费高达3 000亿美元。世界上发展森林旅游较早的拉丁美洲，森林旅游已占到整个旅游收入的90％。德国提出了"森林向全民开放"的口号，全国60多处森林公园的旅游收入达80亿美元，占国内旅游收入的67％。英国每年森林旅游人数在1亿人次以上。

3.1.1　北美休闲林业现状

1. 美国

美国是世界上面积最大的国家之一，国土面积约 962.9 万平方公里，总人口大约为 2.8 亿。总林木覆盖率为 32.8%，大城市区和城区平均林木覆盖率分别为 33.4% 和 27.1%，与总体林木覆盖率十分接近。20 世纪 60 年代美国的城市化已进入成熟阶段，城市化率近 70%，伴随着社会的进步和经济的发展，休闲林业得到了快速发展。目前美国 92% 以上的林地都允许公众进入，进行户外游憩。人们关注环境与居住的条件，对城市森林知识的宣传积极性高，对休闲林业的发展起到了很好的促进作用。

在美国，森林旅游已成为美国人必不可少的一种现代生活方式。联邦政府机构是最大的森林旅游活动经营者，每年接待森林旅游人数多达 20 多亿人次。美国开展森林旅游活动最大承载方是国有林。

为了改善城市生态环境、满足消费者户外游憩的迫切需要，美国还开展了城市休闲林业社区计划，在很大程度上改善了社区的生产和生活条件，同时也带动当地居民去管理当地的资源。在全国范围内有大约 8 000 多个社区，将近 40 万名志愿者参与了城市休闲林业社区的建设。在城市休闲林业建设的预算已经将近 3 500 万美元。

美国城市休闲林业资源改善了城市环境，为居民提供了休闲娱乐空间，为居民带来了环境、社会和经济效益等。

2. 加拿大

加拿大是一个环境极为优美、拥有丰富自然资源的国家，国土面积达到 998.47 万平方公里，是世界国土面积第二大国。加拿大还拥有丰富的森林资源。林木面积为 4.176 亿公顷，约占国土面积的 45%；森林面积为 4.14 亿公顷，仅次于俄罗斯和巴西；森林总蓄积量达到 247 亿立方米；森林覆盖率达到 44%，是世界森林覆盖率排名第六的国家。国家森林公园众多，达到 40 多处，占地面积为 5 300 万公顷。其中最大的国家森林公园占地为 448.02 万公顷。

全国共分有 8 个林区，其中最大的林区为北方林区，包含 7 个省市地区，总的森林面积占到全国的 80% 左右。第二大林区是大湖圣劳伦斯林区，约占全国森林面积的 6.5%。加拿大西部地区为单位面积林木蓄积量最多的区域，全国生产林面积最大的省份为魁北克省，不列颠哥伦比亚省位列第二位，生产林面积均达到 5 000 万公顷以上。

加拿大除了国家公园还有分布极为密集的省立公园，高达 1 800 多处。优越的国家公园和省立公园带动了加拿大森林旅游业的快速发展。林业资源的综合利用以及森林旅游的发展为加拿大人提供了很多的就业机会，林产品出口额也在持续增长。加拿大对森林旅游非常重视，政府部门和国家公园局以及经营者共同合作，一直在扩大休闲林业的产业规模。加拿大在国家公园多处建有野营区、宿营地等供消费者休闲体验的场所。其中建有野营区近 150 处，宿营地近 13 000 处，设施十分齐备，不少国家公园还有专供房车露营的营地。国家公园里开辟道路近 624 条，总长度达 4 210 公里。加拿大国民的休闲意识较高，休闲人数很多。在 20 世纪 90 年代加拿大国家森林公园接待游客数量已经达到 1 459 万人次，相当于加拿大国家每 3 个居民中就有一位去过国家森林公园。

3.1.2　欧洲休闲林业现状

欧洲休闲林业的森林资源十分丰富，各国都有相当大的绿地面积，森林公园每年都吸引了大量游客来参观。在众多欧洲国家中，有 14 个国家城市绿地覆盖面积约为 50%～56%，森林公园已成为现代城市不可缺少的公益设施。

德国的森林总面积达到 1 074 万公顷，人均森林面积为 0.13 公顷，全国森林覆盖率为 30.7%。德国森林的平均蓄积量达到 270 立方米/公顷，在所有欧洲国家中位居第一。在瑞典，森林面积为 2 340 万公顷，森林覆盖率为 57%，是世界各个国家中森林覆盖率排第四的国家。瑞典对林业教育和科研工作极为重视，科学育林、合理经营。近年来，森林总蓄积量和总生长量在持续增长中。目前，林木总蓄积量达到 27 亿立方米。挪威对林业也十分重视，对生物多样性和自然环境的保护力度极大。挪威森林覆盖率高，森林绿地占总面积的 75%，良好的自然生态环境对各种自然灾害起到了很好的预防作用。挪威现有国家公园 18 个，自然保护区近 1 200 多个，总面积达到 206 万公顷。

城市森林的经营目的是为消费者提供舒适的，具有吸引力的休闲环境。欧洲国家在城市森林经营上颇有成效。法国是城市森林休闲经营的典范，例如枫丹白露森林，每年会有 1 000 万人次进入森林休闲、游憩，还有勃里凡森林、法里叶森林等，游客常年络绎不绝。在英国，森林是乡村经济发展的关键资源，每年森林旅游收入约为 2.3 亿英镑左右，已经成为英国旅游业中重要的组成部分。在瑞典，在城市森林休闲的游客占到总游客量的 55% 上，每年有 200 万人参与到森林中的休闲活动中，平均每人每年都会在森林中留宿一晚。其中在森林中参与休闲采摘的人占到了 80% 左右。瑞典的城市森林地理位置极为优越，一般都在距离居民区不超过 2 千米的范围内。

由此可见城市森林不光是一个休闲娱乐的场所，它也成为缓解城市居民的心理压力，提供野外游憩，感受和学习森林文化的重要休闲场所。城市森林所代表的休闲林业产业越来越引起人们的关注。

3.1.3　日本休闲林业现状

日本是亚洲休闲林业最具代表的国家之一。日本拥有丰富的森林资源，森林覆盖率在全世界国家中排名第一。全国共有森林面积 2 515 万公顷，森林覆盖率高达 67％，森林蓄积量达 35 亿立方米。其中人工林蓄积量达到 50％左右，天然林蓄积量接近一半。深山地区是蓄积量最大的林区，对自然景观、野生动植物都发挥着重要的保护作用。日本的林业一直处于世界的领先水平，国家森林公园数量在不断增加、面积在不断扩大。其中国立公园面积达 202 万公顷，国定公园面积为 114.5 万公顷，自然公园面积为 203.7 万公顷。

自 1973 年起，日本重点发展森林旅游，林野厅通过对日本现有的国有林进行筛选分析，选择其中最具代表、环境优美、风景名胜较多的森林作为日本居民的休闲场所。其中重点对森林的游憩功能进行考量，全国选定游憩林近 1 300 处，占地面积为 45 万公顷。森林旅游在日本发展态势迅猛，平均每年有 8 亿人参与到森林旅游休闲活动中来，平均每人的森林休闲次数达到 7 次左右，整体的森林休闲环境良好。

日本居民的休闲意识很高，游客对于森林旅游的体验极为关注。在日本森林旅游快速发展的基础上，各学科领域专家推出了"森林浴"这种休闲体验项目。并且同有关部门合作推出了"森林浴列车""森林浴旅行"专线，可以准时、快捷到达目的地。据研究表明，森林浴具有良好的保健康养功效，沐浴在林间，能够起到降血压、稳定情绪等作用。森林沐浴活动的基本形式包括步行浴、坐浴、睡浴和运动浴。坐浴的作用主要是让消费者放松身体和心灵。睡浴多是借助森林的一些设施进行深呼吸和其他一些较为缓慢的动作来达到放松的作用。运动浴是在森林里开展各种活动，如瑜伽、太极等。游客可以根据自己的身体状况选择不同类型的森林浴。另外，还可以交替进行各种森林浴方式以满足不同游客的需求。

日本是亚洲森林浴开发和建设的先驱。日本开发的森林浴体验项目为居民和游客提供了有效的健康服务产品，有益于人们的身体健康。森林浴为休闲林业的多样化发展提供了很好的方向，各国及地区可借鉴日本森林浴方式，利用森林资源开发出更具创造性的体验产品。

3.2　国内休闲林业概况

当前中国林业面临由传统林业向现代林业的转型发展期，林业多功能性亟待拓展。近年来，森林旅游作为拓展林业休闲游憩功能的一种方式，在全国各地的实践发展中都得以体现。

3.2.1　全国休闲林业概况

1. 林业资源现状

近几年中国林业产业一直呈上升趋势，林业产业规模不断扩大，全国林业总产值不断增加，2017 年首次突破 7 万亿元。全国的森林覆盖率达到 21.66%，成为全世界森林资源增长最快的国家。其中森林城市的建设列入国家重点建设计划中，国家森林城市增加到 137 个。

2. 社会经济发展条件

近 5 年，我国国内生产总值一直持续飙升，2017 年我国国内生产总值为 827 122 亿元，比上年增长 6.9%。第一产业、第二产业、第三产业总体呈上升趋势，其中第三产业增长最多，达到 427 032 亿元，增长比重为 51.6%。说明我国经济发展趋势良好，休闲产业也随着我国经济发展趋势而加速发展。

居民消费水平的高低也是影响休闲林业产业发展快慢的重要因

素之一。2017年全国居民人均可支配收入为25 974元，比上年增长9.0%，其中城镇居民人均可支配收入36 396元，比上年增长8.3%。居民收入水平和消费支出比例较往年都有所增长，说明我国居民生活水平在不断提高。其中人均消费支出构成中，教育文化娱乐占到11.4%，居民需求正呈现多元化趋势，消费向教育、文化、娱乐、旅游及精神产品等领域转移，可见居民消费水平的增加使得休闲的需求也不断增加，为休闲林业带来了极大的发展空间。

3. 森林旅游现状

我国休闲林业的发展多以森林公园作为依托，森林旅游近年来发展较快，已经成为消费者主要的旅游方式之一。森林旅游成为我国休闲林业发展的重要支柱之一，并成为生态文化的重要传播媒介。休闲林业产业的不断发展，引起了全国各地的关注，各地纷纷兴建起森林公园、地质公园、动植物园等林业休闲用地。截至目前，我国已建立森林公园3 505处、湿地公园1 699处、国家沙漠公园91处、国家石漠公园12处、国家地质公园209处，丰富的自然资源为森林旅游的发展打下了坚实基础。

多年来，我国的森林旅游事业一直保持着快速发展的良好态势。近几年，随着我国经济的稳步发展，人们追求更加健康、亲近自然的旅游方式，对户外旅游的需求更加多元化、多样化。据国家林业和草原局数据统计，2017年，森林旅游业成为最大增长点，全国森林旅游发展趋势明显，森林休闲地遍布全国近9 000多处，休闲人数多达14亿人次，比上年增长了15.5%，占国内旅游人数的28%，收入达到1.15万亿元，成为年产值突破万亿元的第三个林业支柱产业。2018年，全国森林旅游游客量接近16亿人次。森林旅游已经成为公众常态化的消费方式。

从游客的出游情况看，以家庭为单位的集体出游最为常见，其次为情侣、闺蜜、团体出游等，森林植被、山石地貌、人文景观、娱乐项目等是吸引游客前往的重要因素。在出游主题上，自然观光、徒步登山、野营烧烤、漂流攀岩、休闲养生、研学旅行、丛林探险、星空露营、森林马拉松、野外拓展等是游客较为喜爱的十大森林旅游方式。其中,青少年出游较为偏爱结合集科普、学习、交流一体的研学旅行,徒步登山、野营烧烤等参与性强的项目尤其受到年轻游客的欢迎,而中老年人则主要以康体养生、度假为主。

在森林旅游时间分布上,有数据显示,3月、4月、7月、8月、10月森林旅游人次较多,分别占全年的8%、10%、11%、13%、17%,其中,受暑期旅游旺季影响,7月、8月出游人次合计比例高达24%,在炎炎夏日享受森林氧吧的清凉与舒适感成为不少人暑期避暑的主流选择。此外,随着冰雪旅游的发展,森林旅游也逐渐在冬季流行,看雾凇、赏雪景成为冬季森林旅游的关键词。

森林旅游的发展为消费者提供了更多可能性与选择的权利。森林旅游与休闲服务业的规模不断扩大,使得休闲林业在林业第三产业中占据了主导地位。

3.2.2 黑龙江省休闲林业现状

1. 林业资源现状

黑龙江省地处我国的东北部地区,林业资源得天独厚,拥有的主要山脉为大小兴安岭等。黑龙江政府对林业十分重视,"十二五"期间累计完成人工造林35.17万公顷。有国有林场425个,林区经营面积达到3 215万公顷,约占到黑龙江省土地总面积的70%。森林面积达到0.2亿公顷,占全国森林面积的六分之一。森林覆盖率达到47%,森林蓄积量为6.69亿立方米。其中中国龙江森林工业林区是中国最大的重点国有林区,占地面积达1 000多万公顷,相当于整个黑龙江省版图的四分之一。林地面积达到857万公顷,森林覆盖率将近85%,辖区拥有丰富的野生动植物资源以及矿产资源。黑龙江60%的生态旅游资源都集中在此区域,其中国家级、省级森林公园多达50处,森林生态重点旅游精品景区40多处,其中包括著名的森林公园有五营国家森林公园、牡丹江国家森林公园、宁安火山口国家森林公园以及哈尔滨国家森林公园等。黑龙江省是全国森林旅游资源最好的省份之一,全省森林公园总面积达到132万公顷,其中国家森林公园面积为120多万公顷,成为人们休闲的天然氧吧。

2. 森林旅游资源现状

黑龙江省森林旅游资源种类齐全,林区资源十分丰富,其中自然森林资源有森林景区、自然保护区、河道和天然湖泊、林区湿地、珍稀动植物、森林公园等。林区内拥有野生动物种类多达460余种,其中梅花鹿、丹顶鹤、黑熊等深受人们的喜爱,成为吸引消费者来林区旅游的重要因素。林区内以原始森林为主,农林产品也极为丰富,这些农林产品为消费者提供了林间采摘的活动。除自然森林资源外,黑龙江省还拥有丰富的文化资源和人造资源。其中文化资源涵盖林区历史古迹、民间艺术、林区庙宇、遗址以及森林旅游节庆活动等,人造资源包括森林度假区、水库、森林工业基地、人工林科研示范基地和植物园等。这些众多的文化资源和人造资源为前来休闲旅游的人们提供了重要的休闲场所和休闲选择,也成为吸引国内外消费者的必要利器,同时更加带动了黑龙江省林业旅游的全面发展。

3. 森林旅游市场现状

黑龙江省森林旅游市场不断扩大,国内消费者成为黑龙江森林旅游市场的主要客源。国外游客的数量也在逐年增加,其中俄罗斯远东地区和滨海区成为国际市场的主要客源地。据统计,黑龙江省2016年共实现林业总产值1 800亿元,其中森林旅游累计收入达到31.1亿元,累计接待游客4 019万人,成为东北地区旅游收入最高的省份。

黑龙江省森林旅游产品定位逐渐成熟，产品开发也较为多元化，最具代表性的为观光拓展型休闲产品、康体养生型休闲产品以及参与型休闲产品等。其中汤旺河国家森林公园是观光拓展型休闲产品的典型代表，该休闲园区的自然景观和历史文化遗迹是吸引消费者前来休闲的主要动机。嘉荫恐龙国家地质公园建立了独特的恐龙化石景观以及丰富的动植物标本，成为消费者休闲参观的重要因素。五营国家森林公园因其优越的自然环境，为"森林浴"的开发提供了必要条件，受到越来越多消费者的追捧。园区提供的休闲项目如林间散步、太极、做操等运动吸引了中老年消费者前来体验，这也成为康体养生型休闲产品的典型代表之一。黑龙江省森林旅游项目的开发注重参与体验，其中利用桃山国际野生动物饲养狩猎场为青年消费者设计开发具有挑战性的活动，如森林探险、户外攀爬等，这些参与性的森林旅游产品深受青年消费者的喜爱，同时也成为黑龙江省森林旅游休闲参与型产品的代表之一。

3.2.3 浙江省休闲林业现状

1. 林业资源现状

浙江省林地面积为 660 万公顷，其中森林面积达到 605.91 万公顷，森林面积中乔木林、竹林面积呈增长态势，全省森林覆盖率为 61%。活木蓄积量为 34 996.31 万立方米，森林蓄积为 31 529.17 万立方米，处于稳步增长态势，位居全国前列。同时，生态环境质量也排在全国前列，全省经济林面积 95.45 万公顷，占森林面积的 15.75%，经济林蓄积 432.82 万立方米，占森林蓄积的 1.37%。全省竹林面积 91.98 万公顷，占森林面积的 15.18%。全省森林植被总生物量 49 823.28 万吨。2016 年全省森林吸收二氧化碳 6 469.41 万吨，释放氧气 4 723.07 万吨。在涵养水源、保持水土、提供休闲旅游等方面发挥了巨大的生态服务功能。2016 年，浙江省森林生态服务功能总价值 5 342.62 亿元，森林旅游年价值

1 356.18亿元。

2. 森林旅游现状

森林公园是森林旅游的主要载体，近些年浙江省森林旅游业和森林公园建设发展迅速。1982年8月浙江省建立第一座森林公园——宁波天童山森林公园，标志着浙江省森林旅游业的发展。到2017年，浙江省共有省级以上森林公园123处，其中国家级森林公园41处，林业观光园有142处，森林公园总数在全国排名第六位。森林旅游收入平均年增长率达到23.62%，整体呈上升趋势，全省森林旅游总产值达到265亿元，产值比上年同期增长23.46%，接待人次达8 700多万次。其中2015年森林旅游收入达到近些年的峰值，约占旅游总收入的7.32%。2005年森林旅游收入只有近50亿元，到2010年，森林旅游收入已突破200亿元，近十年间，年均增长率达到22.36%，比旅游总收入年均增长率高10个百分点。森林公园收入达到57.15亿元，平均每个森林公园收入为5 658万元，位列全国第一，表明浙江省森林公园平均收入较高，经济效益好。十年间，浙江省森林公园总量从68处增加到123处，数量翻了一番，说明浙江省森林旅游具有巨大的发展潜力。

3.2.4　山西省休闲林业现状

太原市是山西省政治、经济、文化的中心，辖区面积6 909.96平方公里，人口数量429.89万人。太原市中心城区内现有29处全市性公园、27处区域性公园、125处景点社区公园、18处专类公园、49处带状公园和237处街旁绿地。早在2010年2月，太原市就已经跨入了国家园林城市行列。

按照是否收费、可否进入、森林资源的自然属性等方面，将符合条件的太原市城区和城郊已开展或可开展休闲林业的景点分为以下4类。

1. 城区收费休闲林业景点

此类景点所处地理位置优越，自然景色优美，基础设施完善，绿化率高，兼具休闲、文化、科研等多种功能。如晋祠公园、天龙山、龙山、太山、双塔寺、碑林公园、店头古堡、山西省民俗博物馆、山西省艺术博物馆、太原动物园等。

2. 城区免费休闲林业地

此类休闲林业地基础设施和人文设施完备，树木种类繁多，结构配置合理，具有休闲、娱乐、健身等功能。如汾河公园、迎泽公园、文瀛公园、龙潭公园、太原市森林公园、西山万亩生态园、长风商务区绿地以及住宅小区的街心花园等。

3. 城郊免费休闲林业景点

此类景点多位于交通不便的偏远地方，较适合自驾游；基础设施少、简陋，但风景秀丽。代表景点有蒙山、崛围山、二龙山、汾河二库风景区、娄烦县云顶山、阳曲县凌井沟、王封一线天等。

4. 城郊自营休闲林业项目

从传统"农家乐"发展而来，各区域充分利用自身优势，形成观光、康体、休闲、度假、娱乐一体化的林业休闲项目，目前已具一定规模。如采薇庄园、慕云山生态园区、华辰农耕园、龙田花卉动植物博览园、要子庄天然生态园林、中隐山生态旅游区、清丰农庄等。

3.2.5 湖南省休闲林业现状

1. 林业资源现状

湖南省的气候、土壤适宜树木生长，森林资源丰富，境内现有高等植物5 000多种，其中木本植物1 900多种，占全国总数的25%，森林覆盖率和蓄积量资源居全国前列。根据《湖南省森林资源统计年报》的数据显示，到2016年年底湖南省林地面积

1 300. 61万公顷，占土地总面积的61.4％；有林地（含灌木经济林）面积1 106.13万公顷；森林覆盖率59. 64％。其中：有林地覆盖率52. 21％，灌木林覆盖率5. 09％，农田林网与"四旁树"覆盖率2. 34％；活立木总蓄积量52 620.72万立方米，活立木总生长量3 604.55万立方米，活立木总消耗量（含自然枯损及其他消耗）1 470. 58万立方米，乔木林面积901.13万公顷，主要经济树种油茶林面积达137.91万公顷，油茶面积为全国第一。

2. 森林旅游现状

湖南是全国重点林区之一，广阔的林区内孕育着丰富的林业资源，为休闲林业的发展提供了良好的条件，"湘约天下"林业休闲品牌创建活动如火如荼。近几年，湖南森林公园自身旅游收入以年均30％的速度增长，相关的社会旅游从业人员达到近30 000人。根据湖南省林业厅调研，森林公园的建设和森林旅游业的发展使全省670个村、85个乡收益，受益人口近117万人，有267个村因此脱贫致富。截至2011年，湖南张家界国家森林公园、天门山国家森林公园、中坡国家森林公园共接待游客994.82万人次，旅游收入10.02亿元，位居全国前十。

3.2.6 四川省森林康养产业发展

1. 森林资源条件

四川是我国的生态大省、林业大省，是著名的大熊猫之乡，也是我国长江上游重要的生态屏障，森林资源富集，生态文化繁荣。"十二五"期间，四川森林面积增加62.01万公顷，森林覆盖率提高1.2个百分点，森林蓄积增加8 334.48万立方米，实现了森林资源面积、蓄积增加57万公顷、4 000万立方米的双增目标。在生物多样性方面上，四川现有高等植物近万种，其中裸子植物种类数量居全国第1位。脊椎动物近1 300种，占全国的45％以上。现有野生大熊猫1 387只，大熊猫栖息地202.7万公顷，分别占全国总量的 74.4％ 和 78.7％；人工圈养大熊猫 364 只，占全国的 86.3％。同时建有森林和野生动植物及湿地类型自然保护区 123 个，保护面积 725 万公顷，近 90％ 在川分布的国家重点保护野生动植物物种和近 50％ 的自然湿地通过自然保护区得到有效保护。2015 年，四川省实现全部林业产业总产值 2 664 亿元，比上年增加 328 亿元，增长 14.04％；农民人均林业收入 1 165 元，比上年增加 132 元，创历史新高。截至"十二五"末，四川省林业产业基地总面积达到 623 万公顷，全省林业产业总产值和农民人均林业收入分别较"十一五"末增长 130％ 和 102％。四川经过统筹推进，现代林业已经出现"集群效应"，基本形成了成都林板家具产业集群、川南竹产业集群、川东北特色经济林产业集群和川西生态旅游集群。2015 年，四大产业集群实现林业总产值 1 920 亿元。

2. 森林康养产业发展

2014 年，四川林业将绿色发展、民有民享置于健康中国背景下寻找新契机，利用四川得天独厚的森林资源和生态环境优势，充分汲取国外森林疗养先进理念，在全国率先提出"森林康养"理念，着力培育发展森林康养新业态。截至 2017 年，四川取得国家森林康养基地试点单位 19 处，评定建设省级森林康养基地 147 处（其中重点贫困地区 61 处），评定建立省级森林自然教育基地 32 处，开展森林康养的农户数近 3 万户，开展森林康养的单位 1 000 余个。截至 2017 年年底，四川各级财政直接投入"森林康养"产业超过 2 亿元，社会资本投入森林康养近 1 000 亿元，实现森林康养产业总产值超过 300 亿元。四川正在成为全国著名的森林康养目的地，全国超过 70％ 的省（市、区）正在借鉴四川经验发展森林康养，由四川发端并辐射全国的产业布局已基本成形。四川森林康养新业态的生动实践，践行了"绿水青山就是金山银山"重要理念，为助力乡村振兴战略、推进林业精准扶贫、建设美丽繁荣和谐四川作出了典范。

3.2.7 广东省休闲林业现状

1. 森林旅游资源

广东地处我国大陆的南部，是"七山一水二分田"的林业大省，面积 17.8 万平方公里，大陆岸线长达 3 368.1 公里。全省林业用地面积 1 101.6 万公顷，有林地面积 927.4 万公顷，林木蓄积量 3.81 亿立方米，森林覆盖率为 55.9%。林木年总生长量为1 742万立方米，年总消耗量 729 万立方米，实现了森林资源生长量大于消耗量的良性循环。全省森林生态效益的总价值达 6 377.83亿元。

北回归线横贯广东省中部，全省处于热带、亚热带气候区，水分和热量充足，有利于森林植被生长。自北向南的典型植被分别为亚热带山地常绿阔叶林、亚热带常绿季雨林和热带常绿季雨林。从地形上看，广东省北倚五岭，南临南海，山地和丘陵面积大，形成植被类型多样，生物群落丰富的森林资源，此外还有丹霞地貌、喀斯特地貌等独特地质形态。广袤无垠的森林、千姿百态的湿地、丰富多彩的野生动物世界，构成了形态各异的森林旅游景观。广东山地森林资源的文化价值也具有显著的多样性，很多名山、森林公园往往又是宗教圣地，在很多山地森林区域中，客家人、少数民族等居民在此生息，繁衍出生动多彩的特色民俗。

2. 森林旅游发展现状

作为全国第一旅游大省，森林旅游是广东城、海、山三大旅游板块的重要一环。广东省山林旅游发展较早，1980 年经原林业部批准，深圳建立了省内乃至全国第一处森林公园——沙头角海山森林公园（后改名为梧桐山国家森林公园）。进入 21 世纪，广东森林旅游发展迅速，2001 年省内森林公园年游客接待量首次达 1 000万，之后两年年游客增长量达 30% 以上。2013 年启动新一轮绿化广东大行动后，广东省进一步加大了以森林公园为主的各类森林旅游地建设发展，力促林业生态福利与民共享。2015 年广东林业旅游与休闲服务业产值达到 1 369 亿元，是广东林业第三产业绝对龙头。截至 2016 年年底，全省已建森林公园 1 351 处，面积 123.05 万公顷，其中国家级 24 处，省级 79 处；湿地公园 190 个，面积 7.2 万公顷，其中国家级 22 处，省级 5 处；林业系统自然保护区 290 个，面积 130.17 万公顷，其中国家级 8 个，省级 50 个。

随着观光旅游时代转向以更注重体验性的综合旅游时代，广东传统森林旅游景点迎来升级的关键节点。在全域旅游背景下，凭借丰富的森林资源，以及覆盖面积广阔的秀美山林资源，有丹霞地貌、喀斯特地貌等独具风格的地质形态，还有与自然森林资源融为一体的宗教文化、客家文化、少数民族文化等丰富的文化形态，进行资源整合和开发，森林旅游品牌影响力不断扩大，包揽广东各区域的森林旅游品牌矩阵已经形成。包括粤北森林度假休闲旅游、粤东北森林山水＋客家文化旅游、粤东北森林山水＋客家文化旅游、珠三角城市森林旅游线。其中，石门国家森林公园的"石门红叶"，流溪河国家森林公园的"流溪香雪"，南岭国家森林公园的"广东松"等森林景观已形成一定品牌影响力。

由国家林业和草原局主办的"2018 森林旅游节"于 2018 年 12 月 7—9 日在广州市举办。期间举办"全国森林旅游风光展示""全国森林旅游产品展示"等多项展示类活动，将一批广受社会关注、公众喜爱的特色森林旅游产品推荐给观众。同时举办"全国森林旅游推介会""全国森林旅游投资与服务洽谈会暨合作签约仪式"等活动，为森林旅游有关各方寻求合作搭建公共平台。

第4章 北京市休闲林业发展概况

休闲林业已经成为休闲时代林业经济发展的一种新方式，同时也是满足城乡居民休闲消费需求的有效途径。针对目前北京市林业资源情况及林业产业发展情况，对北京市休闲林业发展概况进行分析；结合北京市居民生活消费情况，把握休闲林业发展现状，剖析休闲林业发展存在的问题，对进行本研究是十分有必要的。

4.1 北京市林业资源情况

4.1.1 北京市林地及林木面积

1. 北京市林地面积

北京市森林资源中林地面积呈现上升趋势，其中 2011 年至 2014 年期间，增长速度最快，由 2011 年的 104.78 万公顷增加到 2012 年的 106.23 万公顷，接着又增加到 2014 年的 108.14 万公顷。2015 年林地面积继续增加，但增长速度放缓，2015 年年底，北京市共有林地面积 108.95 万公顷，林木绿化率高达 59%（图 4-1），这些充足的林地资源为休闲林业的发展提供了良好的发展空间[①]。出现以上递增趋势的原因主要有以下几个方面：首先，政府提高对林地资源保护的关注，百万亩造林计划的实施，很大程度上增加了林地面积。其次，城乡居民对森林环境及林区资源的市场需求增加。随着气候变暖、城市热岛效应、雾霾等问题的出现，增加

---

① 本研究所提到的 2013 年北京市林地面积是指"采用均值法对 2012 年和 2014 年北京市林地面积数据进行加权平均，得到的 2013 年林地面积数据"。

林地面积成为缓解环境变化的方式之一。再次，实现环境可持续发展的目标。目前北京市经济迅速发展，统筹环境与经济的发展速度，增加林地面积在很大程度上能够发挥经济对林地的保育作用。

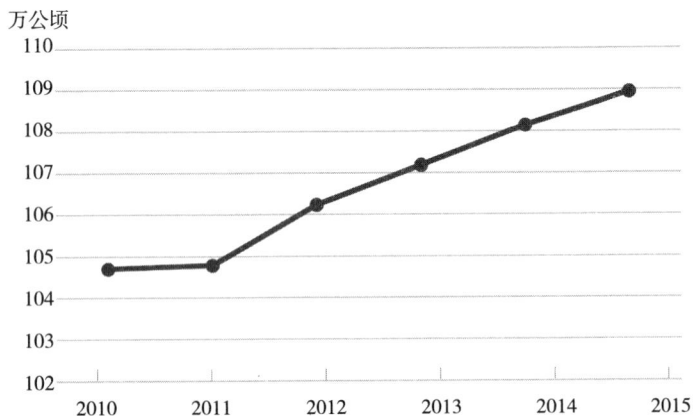

图 4-1 2010—2015 年北京市林地面积

数据来源：首都园林绿化政务网。

其中，全市林地面积主要分布在怀柔、密云、延庆、房山、门头沟等远郊区，怀柔区面积最大，为 18.29 万公顷，占全市林地面积的 16.78%（图 4-2）。

2. 北京市林木面积

北京市森林资源中林木面积呈现上升趋势。其中，2010—2011年林木面积增长缓慢，增长额为 0.61 万公顷。2012—2014 年，林木面积增长量最多，增长额为 4.72 万公顷。2015 年，林木面积达到近年最高，为 98.28 万公顷（图 4-3）。究其原因：首先，政府政策的指引。近郊平原地区造林计划的开展以及远郊生态涵养区的建立，大力提倡林木的栽种和养护，很大程度上增加了北京市林木面积。其次，生态文明城市建设的需要。未来，北京要打造成为绿色、宜居的生态城市，需要加强对北京的林业建设，因而林木面积有所提升。

万公顷

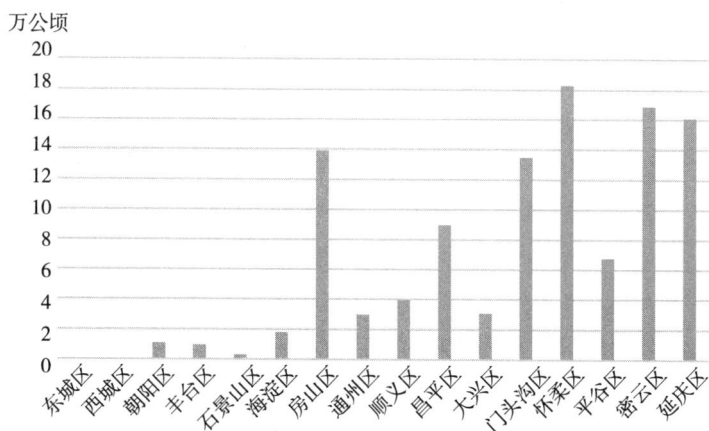

图 4-2　2015 年北京市各区林地面积分布情况
数据来源：首都园林绿化政务网。

万公顷

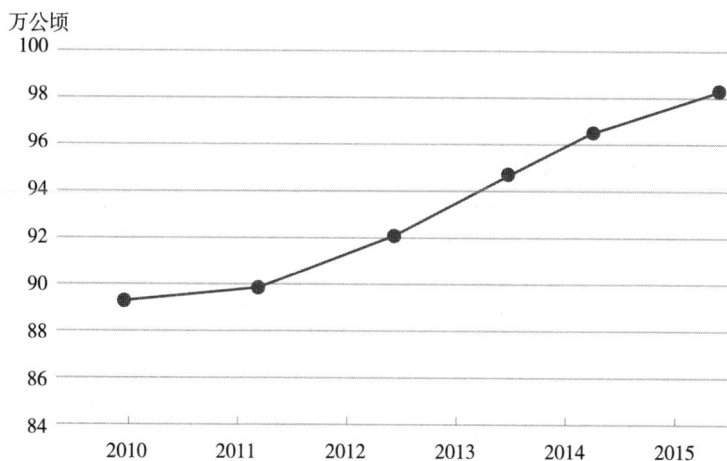

图 4-3　2010—2015 年北京市林木面积
数据来源：首都园林绿化政务网。

其中，北京市各区的林木面积分布图与林地面积分布图趋势大致一样，怀柔、密云、延庆、房山等远郊区的林地资源比较丰富，怀柔区林木面积最大，达 16.74 万公顷，占全市林木面积的

17.03%（图 4-4）。

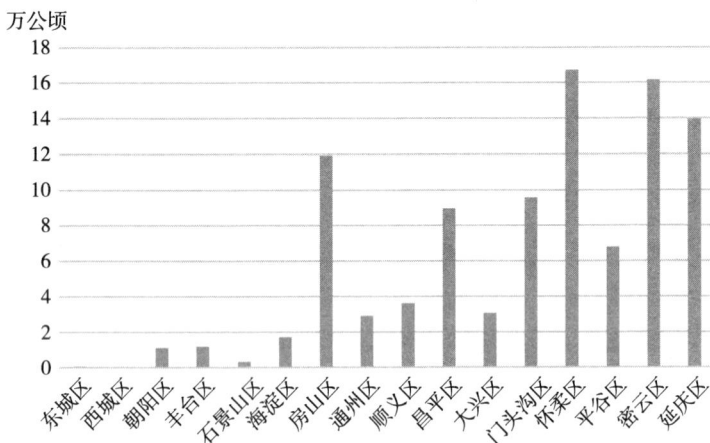

图 4-4　2015 年北京市各区林木面积分布情况
数据来源：首都园林绿化政务网。

4.1.2　北京市森林面积及蓄积量

1. 北京市森林面积

北京市森林资源中森林面积逐年递增。从 2010 年的 66.61 万公顷增加到 2015 年的 74.5 万公顷，森林覆盖率高达 41.6%，表明近五年内北京市森林资源日渐丰富，森林绿化程度进一步提升（图 4-5）。造成森林面积持续递增的原因，涉及以下几个方面：第一，绿化造林工作的开展，生态林及经济林面积的增加促使森林面积增长。第二，森林防火工作的顺利进行。森林防火是近年来森林管制的重要内容，在各郊区林业局及林业从业人员的监督下，森林火灾发生概率降低，一定程度上保障了森林面积。第三，森林病虫害重点监测区域工作顺利落实。针对重点园区进行病虫害监测，及时对病虫进行处理，大大降低了林木毁坏程度，有效保护了园区资源。

万公顷

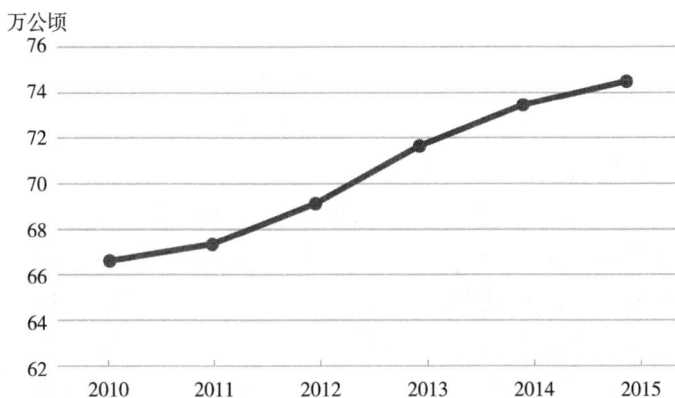

图 4-5　2010—2015 年北京市森林面积

数据来源：首都园林绿化政务网。

其中，密云、怀柔、延庆等远郊生态涵养区森林资源更为丰富，密云区森林面积最大，为 14.25 万公顷，占全市森林面积的 19.13%（图 4-6）。

万公顷

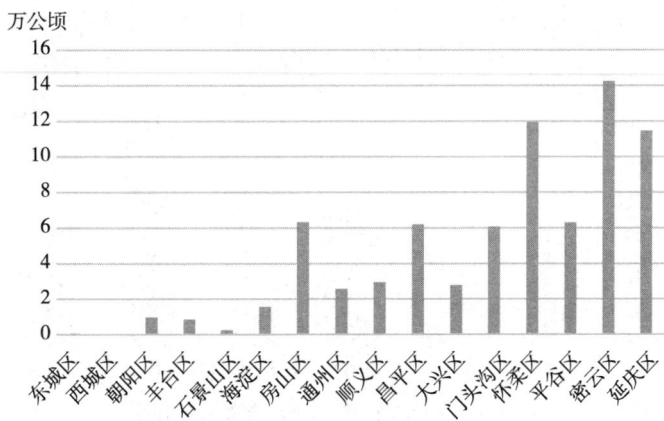

图 4-6　2015 年北京市各区森林面积分布情况

数据来源：首都园林绿化政务网。

2. 北京市森林蓄积量

2009 年 11 月，国家林业局针对气候变化问题出台了《应对气候变化林业行动计划》（下文简称《计划》），该《计划》的出台大力鼓励发展林业产业，全面提升全国范围内的造林面积，从而更好地丰富林区的森林资源。森林蓄积量作为衡量森林生态环境优劣的重要指标，已经成为近些年来林业部门发展林业产业关注的重点内容。北京作为参与《计划》实施和落实的重点城市，早已把林业产业发展的重心转移到生态环境的建设上。2010—2015 年期间，北京市森林蓄积量呈现稳步增长趋势，由 2010 年的 1 435.39 万立方米增长到 2015 年的 1 701.39 万立方米。2012 年之后，森林蓄积量增长速度加快，截至 2015 年年底，五年内森林蓄积量共增加266 万立方米，这与北京市森林面积的增加是密切相关的，同时反映出北京市森林资源总规模的扩大，以及森林碳汇能力的进一步提升（图 4-7）。

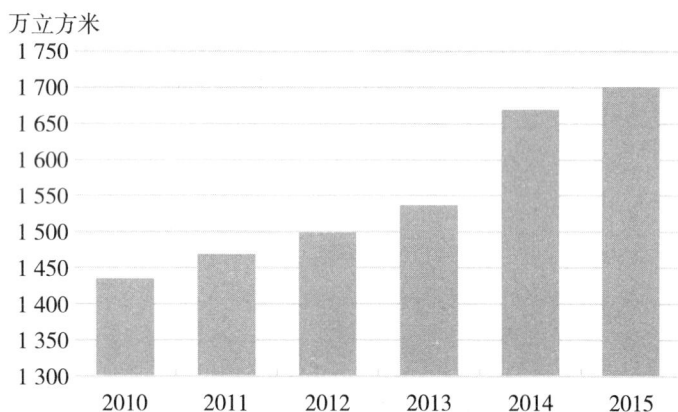

图 4-7　2010—2015 年北京市森林蓄积量

数据来源：首都园林绿化政务网。

4.1.3　北京营造林情况

1. 营造林总体情况

为了抵制风沙侵袭，北京市 2000 年启动实施京津风沙源治理工程，在平谷、怀柔、昌平、大兴、延庆等地进行植树造林，十几年来累计完成营造林 49.47 万公顷。在 2010—2013 年间，北京市营造林面积呈现持续增长趋势。得益于北京市委、市政府实施的平原百万亩造林工程，2013 年北京市营造林面积达到最高值 45 813 公顷。其后，由于北京能够继续营造林的林业用地已经不多，导致 2014—2016 年间，造林面积持续减少，2016 年造林面积仅为 19 064 公顷，相比 2013 年减少了26 749 公顷（图 4-8）。

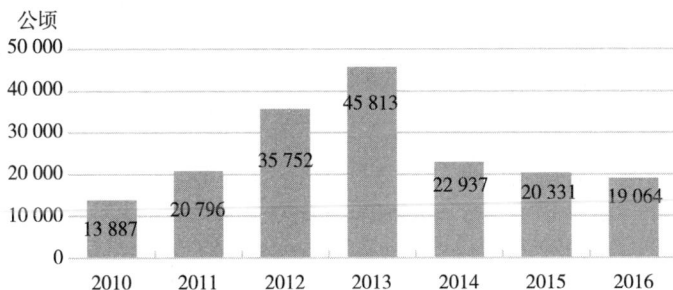

图 4-8　北京近 7 年营造林面积变化情况

数据来源：根据《中国林业统计年鉴》整理所得。

2. 营造林权属结构

北京营造林主体为国有经济造林、集体经济造林和非公有经济造林。总体而言，集体经济造林最多，在 2010—2014 年间总量 87 601 公顷，其次为国有经济造林 50 660 公顷，再次为非公有经济造林 924 公顷。其中国有经济造林面积由 2010 年的 693 公顷提升到 2014 年的 14 659 公顷，所占营造林面积比重由 5% 上升到 63.9%；集体经济造林面积由 2010 年的

13 123公顷下降到2014年的8 150公顷，所占营造林面积比重由5%下降到35.5%；非公有经济造林由2010年的71公顷上升到2014年的128公顷，所占营造林面积比重由0.5%上升到0.6%（表4-1）。

表4-1　北京营造林权属结构情况

单位：公顷

年份	国有经济造林	集体经济造林	非公有经济造林
2010	693	13 123	71
2011	1 797	18 592	407
2012	14 285	21 239	228
2013	19 226	26 497	90
2014	14 659	8 150	128
累计造林	50 660	87 601	924

注：因《中国林业统计年鉴》未提供2015年及2016年相关数据，故表4-1和表4-2中这两年数据缺失。

数据来源：根据《中国林业统计年鉴》整理所得。

3. 营造林用途结构

北京市营造林按照用途划分为用材林、经济林、防护林和特种用途林。其中用材林在2011年有11公顷，后因北京市经济结构调整便不再发展用材林。在2010—2014年间，北京市营造林最多的为防护林132 996公顷，其次为特种用途林为3 926公顷，再次为经济林2 252公顷，最后为用材林11公顷。这期间，北京市经济林和特种用途林营造林面积呈现下降趋势，防护林营造林面积呈现增加趋势。其中经济林年造林面积由721公顷下降到131公顷，所占营造林面积比重由5.1%下降到0.57%；防护林年造林面积由11 989公顷上升到22 482公顷，所占营造林面积比重由86.4%上升到98%；特种用途林年造林面积由1 177公顷下降到324公顷，所占营造林面积比重由8.5%下降到1.43%。北京市营造林结构的变化与首都核心功能定位相适应，契合了首都生态文明建设的要求（表 4-2）。

表 4-2　北京营造林用途结构情况

单位：公顷

年份	用材林	经济林	防护林	特种用途林
2010	—	721	11 989	1 177
2011	11	390	19 698	697
2012	—	574	34 090	1 088
2013	—	436	44 737	640
2014	—	131	22 482	324
累计	11	2 252	132 996	3 926

数据来源：根据《中国林业统计年鉴》整理所得。

4.1.4　城市绿地面积

1. 城市绿地面积

城市的建设与发展离不开城市绿化，城市绿化是美化城市环境、塑造良好宜居城市、展现城市良好风貌的有效途径。随着城镇化进程加快，城市发展也带来了一些问题，如城市交通拥堵，汽车尾气排放，城区人群聚集与拥堵，雾霾等。因此，加强城市绿化、增加绿地面积在一定程度上能够降低以上问题造成的环境破坏，从而保护城市居民的生活环境。2010—2015 年，北京市城镇绿地面积呈现稳中有增趋势。2010—2013 年间，绿地面积整体涨幅不大，2013—2014 年，是近几年绿地面积增长量最大的一年，增长了1.32 万公顷。2015 年，北京市城市绿地面积为 8.13 万公顷，城市绿地面积在未来还会继续增长，且增长速度会越来越快（图 4-9）。

2. 城市公园绿地

伴随北京市城镇化发展速度和质量的不断提升，城市的建设与发展越来越注重生态环境的美化和保护。公园既是城乡居民休闲放

· 59 ·

万公顷

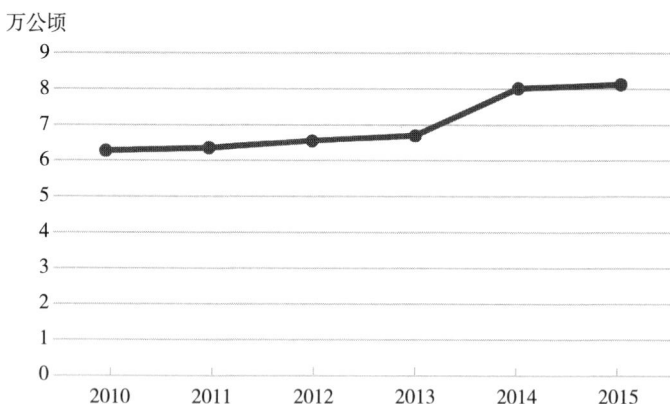

图 4-9   2010—2015 年北京市城市绿地面积
数据来源：北京市园林绿化局。

松的选择，也是满足人们精神消费的主要场所。据统计，北京市公园发展速度较快，由 2009 年的 152 个公园发展到 2013 年的 244 个，平均每年以 23 个公园的速度递增①。同时，门票免费的公园发展数量相对更多，随着北京市政府对公共林业园区资源对外开放程度的提升，居民在无需支付任何费用的前提下对休闲林业园区可选择范围的增大（图 4-10）。

与此同时，城市公园绿地随着城市公园数量的增加而增加。据统计，2010 年北京市城市公园绿地面积为 1.9 万公顷，2015 年年末绿地面积为 2.95 万公顷，五年内城市公园绿地面积增长了 1.55 倍。纵观 2010—2015 年北京城市公园绿地示意图（图 4-11）可以发现，城市公园绿地面积最大且增长速度最快，其他公园绿地面积列居第二但增长速度缓慢，街旁绿地面积位居第三并在稳中增长，社区公园绿地面积占比最小并在平稳中发展。原因有以下几方面：第一，城市区域面积的有限性导致不同类型公园面积的差异性，从而造成绿地面积的差异；第二，园区定位以及适应人群的差异性导

---

① 本研究所提到的 2013 年北京市公园数量是指“公园及风景名胜区数量之和”。

个

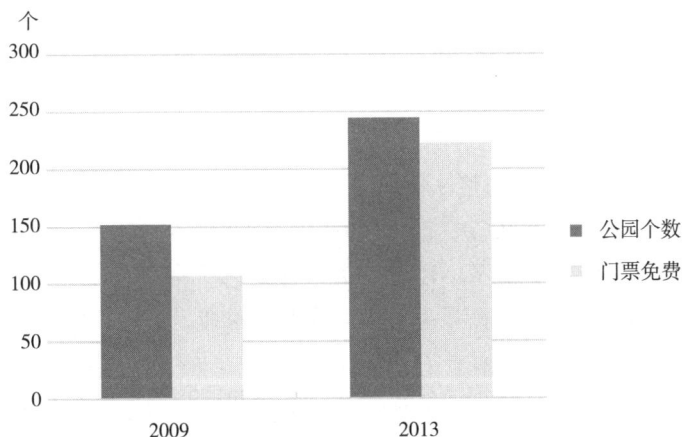

图 4-10　2009 和 2013 年公园情况统计

数据来源：北京市园林绿化局。

公顷

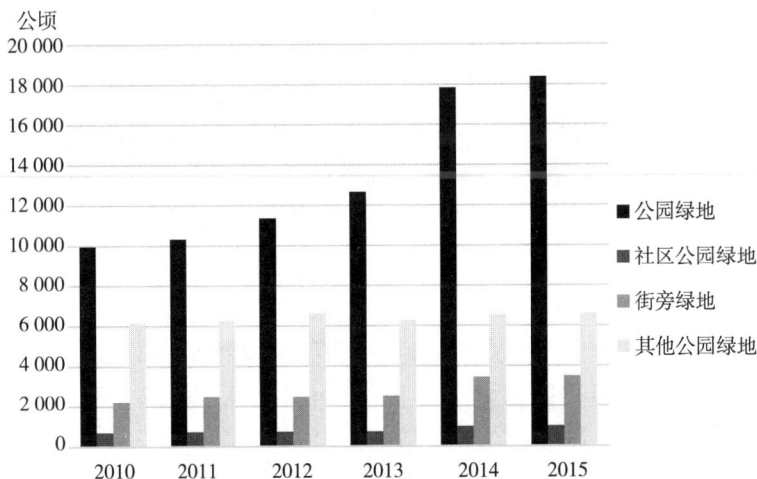

图 4-11　2010—2015 年北京城市公园绿地分布情况

数据来源：北京市园林绿化局。

致不同类型公园绿化面积的差异；第三，园区位置及距离城市居民距离的远近导致不同园区绿化面积的差异。

4.2　北京市休闲林业产业发展概况

4.2.1　北京市林业产业结构总体分析

1. 林业产业结构整体情况

林业总产值是指以货币表现的林业全部产品和对林业生产活动进行的各种支持性服务活动的价值总量，它反映一定时期林业生产总规模和总成果，是衡量一个国家或地区林业发展水平的一个重要指标。统计资料中，林业总产值中的一、二、三次产业产值均由林业涉林产业和林业系统非林产业两部分组成，但由于非林产业产值占比非常少，因此本研究仅以涉林产业产值为主。通过以下数据可以看出，近年，北京市林业产业发展势头良好，林业产值虽有波动，但整体变化不大，基本呈现出递增趋势。2010—2016 年间，北京市林业产值处于先增后减再增的状态，最高产值出现在 2014 年是 1 923 574 万元，最低产值是 2010 年的 1 200 400 万元。这与 2010 年北京开始实行百万亩森林计划、着力进行退耕还林等政策是密切相关的。同时，森林休闲旅游观光、绿色生态低碳环保以及林下经济大力发展等浪潮的掀起，也为林业产业的发展做出了突出贡献。

林业产业结构与农业产业结构类似，均可划分为第一产业、第二产业和第三产业。林业第一产业产值呈现先增后减的趋势，最高产值出现在 2013 年，为 1 623 981 万元，最低产值在 2010 年，为 756 890 万元；林业第二产业产值增减波动较大，最高产值出现在 2012 年，为 71 704 万元，最低产值为 2016 年的 920 万元；林业第三产业产值变化趋势为先增后减再增，最高产值为 2016 年的 545 567 万元，最低产值为 2013 年的 170 155 万元（表4-3）。

2010—2017 年《中国林业统计年鉴》数据显示：林业第一产业为北京市林业产业总产值的主要贡献者，第三产业贡献次之，

表 4-3　2010—2016 年北京市林业产值结构

单位：万元

年份	林业总产值	第一产业总产值	第二产业总产值	第三产业总产值
2010	1 200 400	756 890	69 637	373 873
2011	1 434 945	825 507	63 871	545 567
2012	1 727 944	1 348 468	71 704	307 772
2013	1 805 117	1 623 981	10 981	170 155
2014	1 923 574	1 563 568	44 295	315 711
2015	1 422 701	974 350	31 849	416 502
2016	1 465 447	921 256	920	543 271

数据来源：《中国林业统计年鉴》整理所得。

第二产业贡献最少，且三产产值差距甚大。七年来北京市林业第
一产业产值在林业总产值中所占比重均在 57％以上；林业第二产
业产值在林业总产值中最少，下降趋势明显；第三产业产值比重
较之前有了比较大的提升，但仍低于第一产业产值所占比重（图
4-12）。总体上，北京市林业产业结构中，第一产业所占比重逐
渐降低，第二产业所占比重保持平稳，略有下降，第三产业比重
逐渐增加，反映出北京市林业产业结构日趋优化。

2. 林业第一产业产值结构

2010—2017 年间，北京市第一产业涉林产业总产值经历了
一个先增后减的过程，最高产值出现在 2013 年，达到了
1 621 544 万元，最低产值在 2010 年，为 751 696 万元；林木
育种和育苗总体呈现先增后减的过程，最高产值为 2012 年的
92 809 万元，最低为 2015 年的 48 388 万元；营造林产值呈现

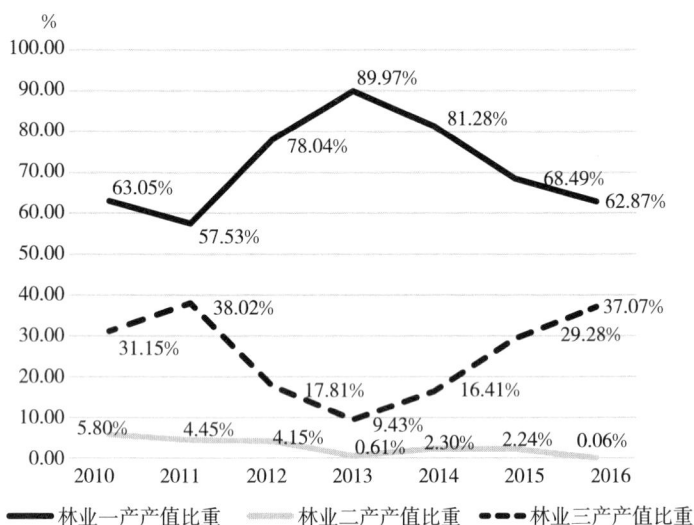

图 4-12 北京市近年林业三产产值所占比重
数据来源：根据《中国林业统计年鉴》整理所得。

先增后减的趋势，最高产值是 2013 年的 933 751 万元，最低是 2010 年的 122 591 万元，这与前面营造林面积变动是一致的，用于营造林的土地变少，对于这一领域投入产出也相应变少；木材和竹材采运产值总体上是先增后减，最高产值为 2013 年的 12 813 万元，最低为 2010 年的 6 910 万元；经济林产品的种植与采集基本上呈现增长的趋势，最高产值在 2012 年为 480 591万元，最低为 2010 年的 384 467 万元，这与北京市林果产业的发展相一致；花卉及其他观赏植物种植产值呈现先增后减再增的趋势，最高产值出现在 2011 年的 155 508 万元，最低出现在 2015 年，为 90 777 万元；陆生野生动物繁育与利用基本上呈现增长状态，除了 2013 年较 2012 年有下降外，说明北京市对于野生动物保护意识有所提高，保护措施成效明显（表 4-4）。

表 4-4　北京市近年林业第一产业产值结构

单位：万元

年份	总产值	湿地产业	林木育种和育苗	营造林	木材和竹材采运	经济林产品的种植与采集	花卉及其他观赏植物种植	陆生野生动物繁育与利用	林业生产辅助服务
2010	751 696	—	72 750	122 591	6 910	384 467	145 077	4 962	14 939
2011	821 220	389	64 336	125 019	8 066	444 185	155 508	8 886	14 831
2012	1 347 558	560	92 809	587 477	9 429	480 591	150 173	12 804	13 715
2013	1 621 544	—	55 075	933 751	12 813	473 332	117 522	7 500	21 551
2014	1 561 126	—	51 660	932 729	10 326	444 366	113 088	8 957	—
2015	975 172	1 514	48 388	382 155	9 456	433 503	90 777	9 379	—
2016	921 256	—	48 636	266 580	7 577	448 878	137 122	12 463	—

数据来源：根据《中国林业统计年鉴》整理所得。

3. 林业第二产业产值结构

北京林业第二产业涉林产业产值主要来自于人造板制造和木制品制造两方面。2010—2017 年间，北京市第二产业涉林产业总产值大致经历了一个先增后减的过程，最高产值出现在 2012 年，达到了 53 776 万元，最低产值在 2016 年，仅为 850 万元；人造板制造呈现先增后减的过程，最高产值为 2012 年的 33 096 万元，最低为 2011 年的 28 560 万元；木制品制造同样呈现先增后减的趋势，最高产值是 2011 年的 21 288 万元，最低是 2014 年的 9 600 万元（表 4-5）。

表 4-5　北京市近年林业第二产业产值结构

单位：万元

年份	总产值	人造板制造	木制品制造	野生动物食品与毛皮革等加工制造	其他
2010	50 474	30 870	19 604	—	—
2011	49 848	28 560	21 288	—	—

（续）

年份	总产值	人造板制造	木制品制造	野生动物食品与毛皮革等加工制造	其他
2012	53 776	33 096	20 408	—	272
2013	—	—	—	—	—
2014	41 841	32 241	9 600	—	—
2015	29 730	29 730	—	—	—
2016	850	—	—	850	—

数据来源：根据《中国林业统计年鉴》整理所得。

4. 林业第三产业产值结构

北京林业第三产业产值主要由湿地产业、林业生产服务、林业旅游与休闲服务、林业生态服务、林业专业技术服务以及林业公共管理及其他组织服务构成。2010—2017 年间，北京市林业第三产业涉林产业总产值呈现先减后增的趋势，最高值出现在 2011 年，为 532 823 万元，最低产值为 2013 年的 158 948 万元；湿地产业产值基本上呈现上升趋势，由 2010 年的 136 万元上升到 2015 年的 7 100 万元；林业生产服务产值呈现先增后减趋势，最高产值在 2015 年，81 029 万元，最低产值在 2014 年，为 5 144 万元；林业旅游与休闲服务呈现先减后增的历程，最高产值为 2016 年的 407 686 万元，最低产值在 2013 年的 129 978 万元；林业生态服务产值变化趋势体现为先减后增，最高产值为 2011 年的 227 058 万元，最低产值为 2014 年的 11 288 万元；林业专业技术服务产值呈现先减后增的趋势，最高产值为 2014 年的 10 614 万元，最低产值为 2013 年的 78 万元；林业公共管理及其他组织服务产值除了 2013 年产值有所下降外，其他年份基本上呈现增长的趋势，最高产值为 2016 年的 62 474 万元，最低产值为 2013 年的 534 万元（表 4-6）。

表 4-6　北京市近年林业第三产业产值结构

单位：万元

年份	总产值	湿地产业	林业生产服务	林业旅游与休闲服务	林业生态服务	林业专业技术服务	林业公共管理及其他组织服务
2010	361 628	136	—	231 264	123 362	1 269	5 733
2011	532 823	—	—	296 508	227 058	1 562	7 695
2012	288 841	290	—	236 244	43 635	1 091	7 871
2013	158 948	—	—	129 978	28 358	78	534
2014	299 541	—	5 144	264 328	11 288	10 614	8 167
2015	376 850	7 100	81 029	253 154	22 465	2 471	17 731
2016	530 401	2 900	7 743	407 686	48 851	3 647	62 474

数据来源：根据《中国林业统计年鉴》整理所得。

4.2.2　北京市林业旅游与休闲产业发展情况

1. 北京市林业旅游与休闲服务产值

林业旅游与休闲服务是林业第三产业发展的重要组成部分，其发展程度的高低直接影响着涉林产业发展的质量。随着北京市经济发展速度的加快，城镇化发展质量的提升，居民生活水平的提高、可支配收入的增加以及闲暇时间的增多，人们对林业旅游与休闲服务的市场需求逐渐增多，对林业旅游与休闲产业的投入也在逐步增加。截至 2015 年年末，北京市共实现林业旅游与休闲产业发展产值 253 154 万元，共接待旅游人员 22 686.48 万人，直接带动其他产业产值 84 707 万元，同比分别增长 95.78%、99.50%、60.29%。尽管林业旅游与休闲服务产业产值保持在一定的水平，但观察图 4-13 可以看出，2010 年至 2015 年间，北京市林业旅游与休闲服务产业发展呈波动性变化且波动程度较大。

2. 北京市森林公园旅游收入构成

近年来，随着北京市林业旅游与休闲服务产业的快速发展，森林旅游作为林业产业发展的类型之一逐步成为休闲林业发展关注的

万元

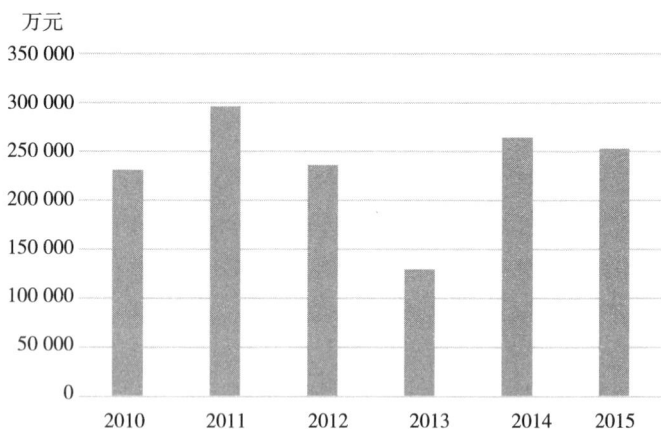

图 4-13　2010—2015 年北京市林业旅游与休闲服务产业产值

数据来源:《中国林业统计年鉴》。

重点。如今的森林旅游早已突破原有的森林攀爬与游憩模式,已发展成为集休闲观光、运动健身、活动体验、科普教育等为一体的现代化的休闲产业,与此同时,其带来的旅游收入也在不断的增加。如图 4-14 所示,在旅游收入构成中,餐饮收入与住宿收入构成北

万元

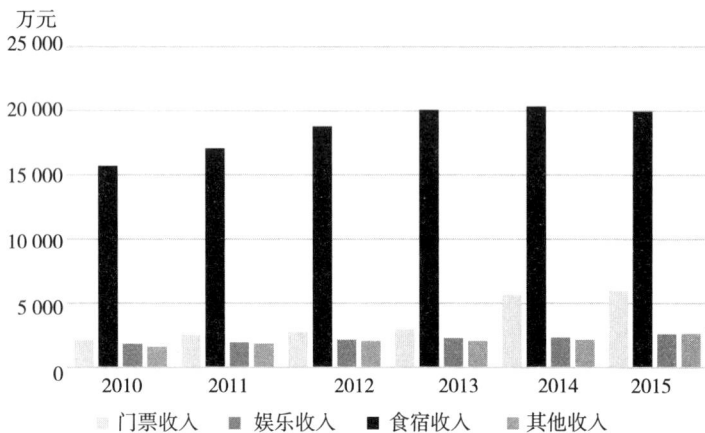

　门票收入　　娱乐收入　　食宿收入　　其他收入

图 4-14　2010—2015 年北京市森林公园旅游收入构成情况

数据来源:《中国林业统计年鉴》。

京市森林公园旅游收入的主要部分，而公园的门票收入、休闲娱乐收入及其他收入所占公园旅游收入的份额较小且三者收入差距不大。相比以往森林公园的旅游消费，目前北京市森林公园的旅游收入来源较多，通过开展森林公园旅游所获得的消费收入在一定程度上能够增加林业休闲产业的产值。

4.2.3　北京市休闲林业发展存在的问题

1. 个别景区的项目建设与生态环境不相协调，具有破坏性

个别森林旅游区在建设项目时，片面追求经济利益，在主要景区内建设高档饭店、豪华住所或其他大型娱乐设施，破坏了风景区的整体风貌；有的景区在建设规模及建筑风格上，盲目追求"高大上"，贪大求洋，采用现代化建筑材料，与森林旅游区整体自然环境不相协调，使森林公园失去了原始、神秘、幽深、宁静的特色；有的景区在基础建设时，忽视了对生态环境的保护和改善，致使部分自然植被在基础设施和服务设施建设过程中遭受人为破坏；为追求短期利益或受其他客观原因所限，对旅游区内因生产生活而产生的废水、污水、废弃物等处理不力，形成垃圾堆、臭水沟等，给当地环境带来负面影响，也不利于森林旅游区的持续发展。

2. 部分景区旺季时期环境承载力严重超载，影响生态环境

京郊森林游憩市场需求十分旺盛，与之相反，森林旅游景点数量有限，短期内难以增加游憩供给，这就造成旺季森林旅游市场供不应求现象，尤其在"小长假""黄金周"等时期，短途游、周边游成为首都城市居民的首选，多数森林公园都会出现人满为患的情况。游人的大量进入使旅游区的地被及土壤结构遭到破坏，也易使一些珍贵动植物的生存环境受到威胁。游人在旅游活动中，由于环保与法律意识淡薄，采折花木以及未经允许的狩猎、采集标本等行为，均会对物种保护造成危害。此外，汽车进入森林环境产生的尾气、饮食活动带来的烟尘等使原本纯净的大气受到污染。旅游活动

带来的大量废弃物、垃圾和污水也对森林中的水源和环境构成危害。

3. 休闲游憩设施不完善，游客活动体验受限

随着社会的进步和经济的发展，人们对休闲的需求越来越高。消费者比较注重精神上的满足及身体上的体验，园区的环境质量、活动丰富度、设施完善程度、产品特色直接影响着消费者前往。从目前北京休闲林业发展阶段看，多数景区仅能够满足游客日常观光、游憩需求，而对于参与体验类的活动项目设置不多；且从基础设施及休闲游憩设施建设水平看，很多景区更加注重基础设施建设，对于游客游览过程中所需的休闲游憩设施建设不够重视，个别景区甚至连基本的卫生安全设施也不健全，这些因素将在一定程度上降低游客的消费体验。

4. 休闲林业发展模式较为单一，游客消费水平不高

北京市休闲林业在市场发展过程中虽已初具规模，但与休闲农业产业发展相比，存在数量小、种类少、认知度低、宣传渠道有限等问题，北京市休闲林业发展尚处于起步阶段。休闲林业形式上的创新力度不够，内容上较为单一。在休闲林业的众多类型中，消费者最易选择也最愿意前往的休闲林业园区为森林公园，其他发展类型与森林公园在发展数量与发展水平上存在差距。森林公园旅游消费是北京市休闲林业发展的主要类型。

从休闲林业旅游者的消费层次看，北京市居民休闲林业消费支出较多，但消费层次有待提高。除了门票消费以外，多数游客的最大消费支出为住宿支出，而用于文化科普教育体验和休闲观光娱乐体验的消费支出比例较低，表明北京市居民休闲林业的消费层次还有待提高。

4.3 北京市居民生活消费情况分析

4.3.1 北京市居民家庭人均收入

城乡居民家庭收入水平的高低直接影响着居民家庭的消费结

构。随着北京市经济的迅速发展，社会发展实力的增强，城乡居民家庭的人均收入水平也在不断增加。如图 4-15 所示，2000—2015年，北京市城乡居民家庭人均收入水平均有不同程度的增加，城市居民人均可支配收入由 2000 年的 10 349.7 元增加到 2015 年的52 859元，农村居民人均可支配收入由 2000 年的 4 687 元增加到2015 年的 20 569 元。尽管如此，城乡居民家庭的收入水平还存在一定的差距，城镇居民家庭人均可支配收入基本上是农村居民家庭可支配收入的两倍，这与城乡居民家庭的收入来源具有很大的关系。

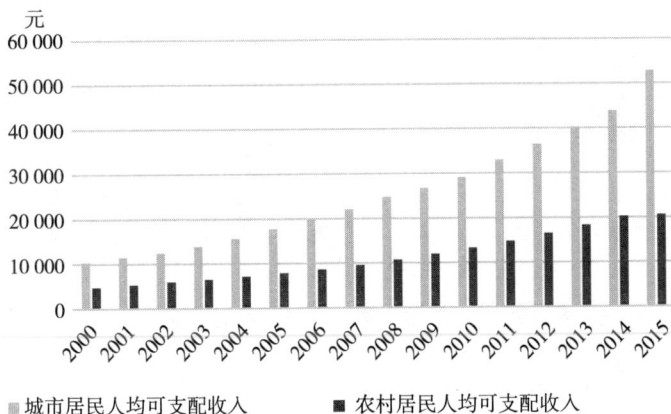

图 4-15　2000—2015 年北京市城乡居民家庭人均可支配收入

数据来源：《北京统计年鉴》。

4.3.2　北京市人均消费支出及恩格尔系数变化情况

1. 北京市城乡居民人均消费支出

城乡居民收入水平的高低与居民消费支出的多少呈正相关，居民收入水平越高可用于消费支出的金额越高，居民收入水平越低可用于消费支出的金额越低。2000—2015 年，北京市城乡居民人均消费支出趋势图与城乡居民家庭人均收入水平趋势图类似，均呈现递增趋势。与 2000 年相比，城市居民人均消费性支出增加额为 28 148.5 元，支出金额增加了 4.3 倍；农村居民人均生活消费支出增加额为 12 369.6 元，增加了 4.6 倍（图 4-16）。随着城乡经济统筹发展政策的展开，城乡差距尽管有了一定程度上的减小，但农村居民人均生活消费支出仍与城市居民人均消费性支出存在较大的差距。说明制约城乡经济统筹发展的二元经济结构还没有完全消除，加上城乡居民消费支出结构、消费偏好的不同，导致城乡居民消费支出的差异。

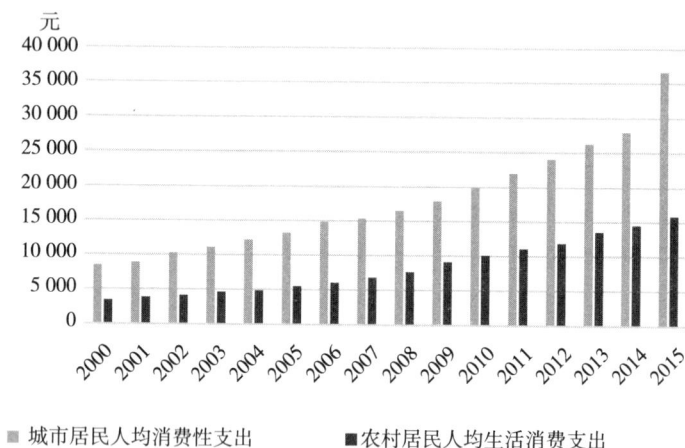

图 4-16　2000—2015 年北京市城乡居民人均消费支出

数据来源：《北京统计年鉴》。

2. 北京市城乡居民家庭恩格尔系数

恩格尔系数是衡量一个家庭生活水平和富裕程度的重要指标。如图 4-17 所示，2000—2014 年，北京市城乡居民家庭恩格尔系数均在 30%～40%，表明北京市城乡居民家庭处于富裕阶段，而 2015 年城乡居民家庭恩格尔系数继续下降，城乡恩格尔系数分别为 22.1% 和 27.7%，说明 2015 年开始北京市城乡居民家庭已走向最富裕阶段。通过城乡居民家庭两组数据进行比较发现，北京市城镇居民家庭恩格尔系数整体上低于农村居民家庭恩格尔系数，说明农村居民家庭食品支出消费占比要高于城镇居民。但在 2008 年城乡居民家庭恩格尔系数均有所上升，这与当时的金融危机是分不开的。金融危机导致北京市诸多企业关闭，大量员工下岗，物价上涨，人们用于休闲消费的支出减少，对食品支出消费的比例提升，直接造成恩格尔系数的上升。金融危机过后，城乡居民家庭恩格尔系数降低。但农村家庭恩格尔系数在 2011—2014 年间又出现了持续上涨的趋势，主要是由于农村家庭的主要消费支出大多用于食品支出（图 4-17），尽管家庭收入逐年增长，但家庭可支配收入的增长速度低于食品支出的速度，造成恩格尔系数上升。2015 年，随着北京市整体经济发展水平的提高，国家更加鼓励城乡居民进行消费性支出，加上人们可支配收入的增加，单纯的食物支出已不再满足人们的消费需求，人们将更多消费支出转向科教文体卫等方面的支出，进而造成食品消费支出的减少，促使恩格尔系数在 2014 年的水平上继续下降。

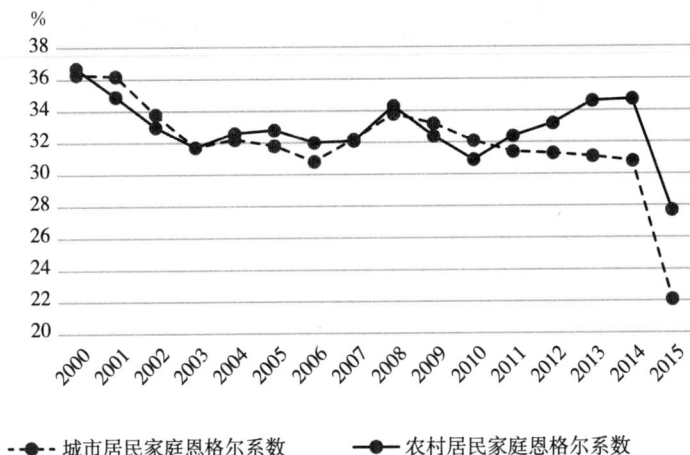

图 4-17　2000—2015 年北京市城乡居民家庭恩格尔系数
数据来源：《北京统计年鉴》。

4.3.3　北京市城乡居民人均教育文化和娱乐服务支出

城乡居民可支配收入的高低直接影响着居民教育文化和娱乐服务的消费支出。收入水平越高的家庭，用于文化教育和休闲娱乐的支出越多；收入水平越低的家庭，用于文化教育和休闲娱乐的支出越少。相比之下，城镇居民用于教育文化和娱乐服务的消费支出明显高于农村居民用于文化和娱乐服务的消费支出，说明城镇居民更注重休闲娱乐及教育，倾向享受型生活（图 4-18）。

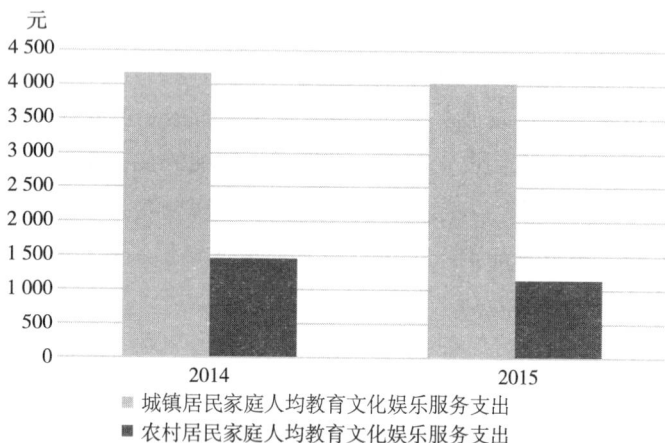

图 4-18　2014—2015 年北京市城乡居民人均教育文化和娱乐服务支出
数据来源：《北京统计年鉴》。

从家庭消费支出比例图 4-19 和图 4-20 中可以看到，城镇居民家庭人均消费支出中，教育文化和娱乐支出占比为 11%，农村居民家庭人均消费支出中，教育文化和娱乐支出占比为 7%。且教育文化和娱乐服务支出分别占家庭总消费支出的第四位和第五位。说明随着城镇化发展质量的提升，城乡居民生活水平的提高，城乡居民的日常生活不再完全依赖单纯的生产性家庭消费，人们更倾向于提高子女及个人素养的文化教育活动和获得精神层面满足的休闲娱乐活动，但是北京市城乡居民家庭用于教育文化和娱乐服务的消费

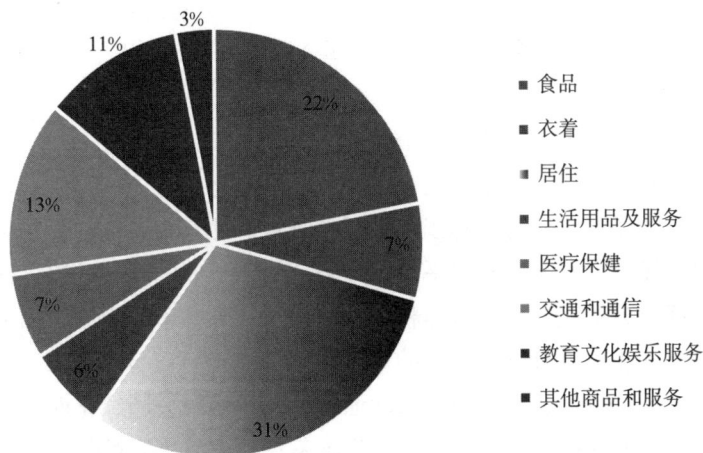

图 4-19　2015 年北京市城市居民家庭人均生活消费支出

数据来源：《北京统计年鉴》。

- 食品
- 衣着
- 居住
- 生活用品及服务
- 医疗保健
- 交通和通信
- 教育文化娱乐服务
- 其他商品和服务

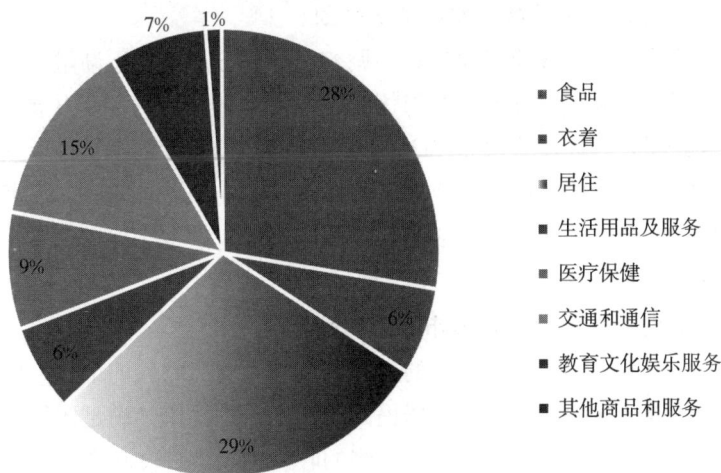

图 4-20　2015 年北京市农村居民家庭人均生活消费支出

数据来源：《北京统计年鉴》。

- 食品
- 衣着
- 居住
- 生活用品及服务
- 医疗保健
- 交通和通信
- 教育文化娱乐服务
- 其他商品和服务

支出水平整体不高，还有很大发展空间。

4.4 本章小结

1. 北京休闲林业发展资源环境良好

随着社会发展水平的提高以及生态环境恶化，人们对生态环境越来越关注，政府对森林工程的日益重视，北京市各区加强对林地资源的保护，林业建设水平显著增强。休闲林业的发展是以丰富的森林资源为依托的，林地面积、林木面积和森林蓄积量的增加无疑为休闲林业发展打下了良好的基础。

与此同时，北京市城市绿地面积尤其是城市公园绿化面积也有了较大程度的提升。休闲林业的发展不仅需要以丰富的林业资源为依托，同时还需要以优美的生态环境为平台，城市绿地及公园绿化面积的增加更有利于北京市休闲林业的发展。

2. 北京市休闲林业发展势头强劲

随着北京市林业产业战略的调整，林业三产结构逐渐融合，产业差距逐渐减小，林业旅游与休闲服务作为林业第三产业发展的重要组成部分，逐步发展成为适应城乡居民更高消费需求的新兴产业。因此，抓住居民对林业旅游与休闲服务业的需求偏好，发展适应当代社会发展、居民生活需要的休闲产业对进一步促进北京市休闲林业发展具有重要意义。

3. 北京休闲林业发展市场空间巨大

随着城乡居民生活水平的提高，人均可支配收入的增加，以及人们消费观念的改变，城乡居民的消费支出不再单纯满足于维持日常生活的物质性支出，人们将更多的收入用于教育文化和娱乐服务上的体验，追求更大程度上的精神满足，从而对休闲消费市场的需求增加，因此，在休闲经济时代背景下发展休闲林业是十分有利的。

第5章　北京市休闲林业消费行为及消费意愿实证分析

5.1　调研方法及样本描述

5.1.1　调研方法

本研究以前往北京市休闲林业园区（这里指的休闲林业园区为森林公园、休闲林场、林家乐等）的消费者为调查对象，通过问卷发放与走访调查的方式，获取消费者休闲林业园区消费的市场行为、休闲消费的意愿以及对休闲林业园区发展水平的评价等信息。

本研究采取的调研方法为问卷发放与走访调查，分为预调查和正式调查两部分。在进行正式调查之前，先对鹰山森林公园、蟒山国家森林公园、奥林匹克森林公园、云蒙山国家森林公园、上方山国家森林公园及北京西山国家森林公园等六大森林公园进行了休闲消费情况的预调查，问卷设计从消费者基本情况、消费行为、消费意愿及态度、影响因素四部分入手，共发放问卷 255 份，问卷有效率达 98.82%。在预调查的过程中基本掌握了北京市森林公园发展的基本情况，一定程度上对休闲林业的发展有所把握。

相比预调查，正式调研地点选址更加广泛、形式更加多样。样本点既涉及森林公园、生态园，也涵盖林场，调研地点包括北京西山林场、北京八达岭林场、野竹林生态园等。问卷设计上包含基本情况调查、消费行为调查、消费意愿及态度调查和影响因素调查等四方面内容，共包括 35 道封闭式选择题和 1 道开放性问题。调研过程中以消费者填写调查问卷为主，辅以部分问题进行重点讨论和交流。本次调查一共发放问卷 320 份，其中收回问卷 317 份，有效问卷 315 份，问卷有效率达 98.44%，基本能够反映出北京市居民休闲林业市场的消费情况。

5.1.2 样本描述

调查对象以北京市常住居民为主（占总样本量的 91.4%），少量京外游客为辅（占总样本量的 8.6%）。样本特征调查过程中，着重考虑了性别、年龄、受教育程度、人均月平均收入、职业、婚姻状况等几大因素（表 5-1）。数据录入及信息处理采用的是 SPSS（18.0）描述统计中频率、交叉分析及多重响应。本次随机抽样选择的消费者能够反映北京市休闲林业消费市场的消费情况，具有一定的代表性，对本研究具有重要的理论意义。

表 5-1　消费者人口统计学特征频数分析表

统计指标	人口统计学特征	人数（人）	有效百分比（%）
性别	男	159	50.5
	女	156	49.5
年龄	18 岁及以下	6	1.9
	19～25 岁	83	26.3
	26～35 岁	98	31.1
	36～45 岁	82	26.0
	46～55 岁	31	9.8
	56 岁以上	15	4.8
受教育程度	初中及以下	23	7.3
	高中（中专）	40	12.7
	大专	68	21.6

（续）

统计指标	人口统计学特征	人数（人）	有效百分比（%）
受教育程度	本科	100	31.7
	硕士及以上	84	26.7
家庭人均 月平均收入	2 000 元及以下	26	8.3
	2 001～4 000 元	63	20.0
	4 001～6 000 元	86	27.3
	6 001～8 000 元	61	19.4
	8 001 元以上	79	25.1
职业	公务员或其他事业单位	72	22.9
	外企或私企职员	78	24.8
	自由职业者	37	11.7
	务工人员	24	7.6
	务农人员	8	2.5
	离、退休人员	11	3.5
	学生	42	13.3
	失业及无业人员	8	2.5
	其他	35	11.1
婚姻状况	未婚	126	40.0
	已婚	179	56.8
	其他	10	3.2

数据来源：实地调研。

5.2　消费行为及消费意愿实证分析

北京市居民休闲林业消费行为及消费意愿的实证分析，应从消费者的消费行为特征入手，了解消费者的消费习惯，获悉消费者对休闲林业的了解情况，继而再对消费者的消费意愿及态度进行分析，从而全面掌握消费者对休闲林业的市场需求。

5.2.1 北京市居民休闲林业消费行为分析

获悉北京市居民休闲林业消费行为的市场信息应从 5 个 W 和 3 个 H 入手。5 个 W 分别指去哪儿（Where）、什么时候去（When）、和谁去（Who）、为什么去（Why）以及去干什么（What）；3 个 H 分别指怎么去（How）、多久去一次（How long）以及花费多少（How much）。

1. 出游地点分析

进入休闲时代以后，随着人们生活水平的提高，人均可支配收入的增加，闲暇空闲时间的充裕，人们在满足日常物质性消费支出的前提下，将更多的精力投入到休闲消费中去，对休闲消费的市场需求增加，前往休闲消费场所的频率增加。为了适应居民生活，满足人们的消费需求，提升北京市居民的生活质量，北京市政府、各区政府、市旅游局、环保局、园林绿化局等多方机构合力组织促进林业与旅游业融合发展，打造具有北京都市特色的休闲林业产业。

目前我国休闲林业的发展在总体上还处于起步阶段，本研究在参考大量文献和相关资料，并借鉴各地发展实践的基础上，对休闲林业的类型进行了梳理，初步认为包括森林公园、休闲林场、林家乐及其他生态休闲场所等。在对北京市居民进行消费场所调查中发现，在众多休闲林业发展类型中，消费者前往最多的场所为森林公园，对休闲林场、林家乐及其他场所的选择较少（表 5-2）。产生这种现象主要有以下两个原因：第一，相对于较为成熟的休闲农业而言，北京休闲林业的发展起步较晚，更多的林场是国有林场，休闲林场数量相对较少，而林家乐这种形式最早是从山东发展起来的，在北京目前更是非常少，因此消费者对其选择的概率较低。第二，森林公园作为北京市休闲林业发展数量最多、种类最丰富的形式之一，易于消费者寻找和选择，由于种类丰富、占地面积广阔等原因吸引大量消费者前往，因此选择森林公园的游客数量比较多。

表 5-2　消费者前往的休闲林业园区

名称	数量（人）
森林公园	261
休闲林场	55
林家乐	62
生态休闲场所	124
其他	194
都没去过	14

数据来源：实地调研。

　　尽管消费者对休闲林业园区的市场需求增加，对休闲林业园区类型的选择增加，但是，消费者对休闲林业的了解程度普遍不是很高。数据显示，对休闲林业非常了解的消费者只有 9 人，占总人数的 3%；对休闲林业比较了解的消费者有 47 人，占比 15%；对休闲林业一般了解的消费者数量最多，为 103 人，占比 33%；对休闲林业比较不了解的消费者有 76 人，占比 24%；对休闲林业非常不了解的消费者有 21 人，占比 7%；还有部分消费者完全没听说过或者说不清楚对休闲林业的了解程度（图 5-1）。说明消费者对休闲林业的概念界定不清，有的甚至难以区分休闲林业和休闲农业，尽管消费者前往休闲林业园区但并不知晓该场地是休闲林业发展的类型之一，这表明北京市休闲林业在广大消费者中的认知度并不够高，休闲林业的宣传力度有待加强。

　　2. 出游时间分析

　　消费者前往休闲林业园区的时间通常与消费者本身所拥有的空闲时间有关。空闲时间越多，消费者可选择的空间越大，时间上选择也就更加灵活。随着我国周末双休制度的实施以及节假日休假制

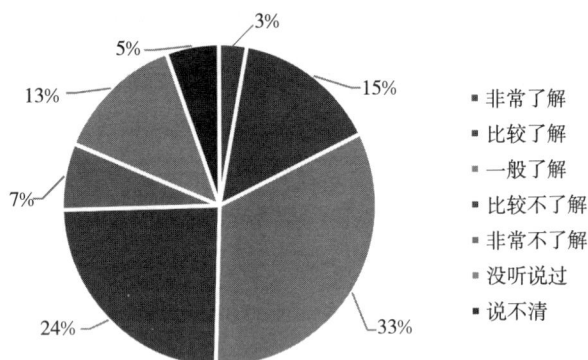

图 5-1 消费者对休闲林业的了解程度
数据来源：实地调研。

度的调整，人们有更多的时间可以用于休闲消费及活动体验，对休闲林业发展来说无疑是个利好消息。调查显示，几乎所有的消费者愿意腾出部分空闲时间前往休闲林业园区进行放松和体验。其中有36%的消费者愿意周末前往休闲林业园区，34%的消费者乐于节假日期间进行休闲林业体验，17%的消费者只要有时间就去，还有8%的消费者于寒暑假前往，5%的消费者年假前往（图5-2）。

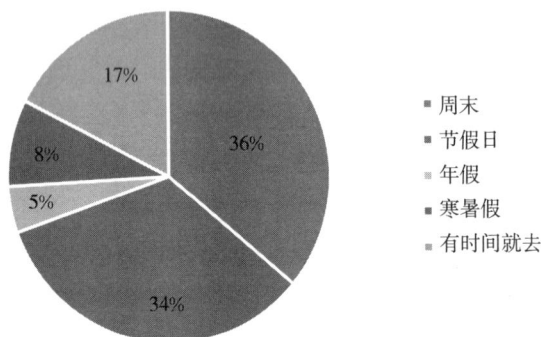

图 5-2 消费者前往休闲林业园区的时间
数据来源：实地调研。

其中，在前往时间选择上，从事职业为公务员或其他事业单位、外企或私企职员的消费者更多是利用周末、节假日及年假的空闲时间进行休闲林业体验；职业为自由职业者的消费者在时间选择上相对灵活，出于自由职业者工作性质的考虑，只要他们合理安排工作时间，也同样可以在任何时间阶段中前往；而学生通常只能在周末、节假日及寒暑假前往（表 5-3）。

表 5-3 消费者职业与前往休闲林业园区的时间类型的交叉表

时间类型	公务员或其他事业单位	外企或私企职员	自由职业者	务工人员	务农人员	离、退休人员	学生	失业及无业人员	其他
周末	43	50	19	13	4	5	22	4	16
节假日	43	39	15	13	4	3	27	3	16
年假	4	6	3	4	0	0	1	0	4
寒暑假	10	2	7	3	0	1	10	3	5
有时间就去	14	19	11	7	2	8	11	3	10

数据来源：实地调研。

消费者什么时候去（When）很大程度上会影响消费者的出游效果，因此不同消费者选择了不同的消费时节，从而造成了消费者在时节选择上的差异，而消费者对出游时节的选择恰好可以在一定程度上反映出消费者为什么去的原因（Why）。49.8%的消费者乐于一年四季都前往休闲林业园区，主要是为了欣赏不同时节的风景文化，进行不同主题的活动体验；38.7%的消费者倾向于旺季前往休闲林业园区，认为旺季风景更加别致、内容更加丰富且人流量大、安全系数更高、时间上易于把控；而只偏向于淡季前往休闲林业园区的消费者仅占 10.8%，认为淡季风景独特，空气质量优，且园区客流量少。

由于不同休闲林业园区的发展水平和市场定位不同，导致不同场所提供的内容有所差别，从而造成了消费者前往不同休闲林业园区的目的不同，也就是干什么的问题（What）。有的场所为了对园区进行原生态保护仅提供登山攀爬、欣赏风景等传统项目；有的场所为了吸引消费者、适应年轻人的消费需求在提供优美环境的同时，增加人文教育体验和休闲观光娱乐体验；有的场所甚至提供餐饮住宿等服务，旨在吸引消费者进行园区体验，更加亲近大自然，打造回归自然的生活方式。因此，这就造成了前往不同休闲林业园区的消费者在停留时间上的差别。调查显示：消费者在休闲林业园区停留的时间普遍在一天之内，仅有少部分住宿的消费者停留时间在两天及以上（图5-3）。说明目前北京市休闲林业园区发展类型还比较单一，对消费者的吸引力度还不够高，宣传力度有待加强，大多数消费者对休闲林业的消费需求还停留在简单的环境欣赏上，今后休闲林业在发展方式上应有所创新。

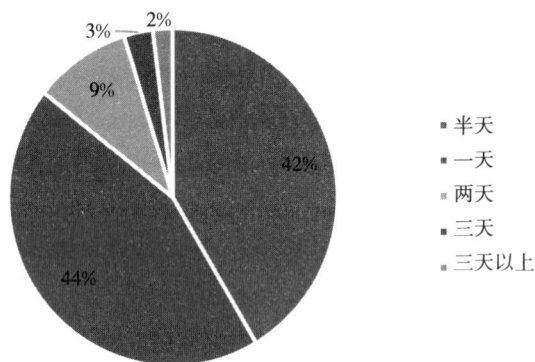

图 5-3　消费者在休闲林业园区停留的时间
数据来源：实地调研。

3. 出游对象分析

在森林游憩和体验过程中同行者的选择是十分重要的，不同的人由于自身的消费方式不同、个人偏好不同、对事物对环境的评判标准不同，常常导致对同一景点的评价不同。因此，消费者前往休闲林业园区通常会选择自己交际圈内的人，这也就是本研究所提及的跟谁去的问题（Who）。调查显示：33%的消费者通常会与家人一同前往休闲林业园区，25%的消费者选择朋友一同前往，13%的消费者通常和同学一起出行，10%的消费者选择和同事前往，还有8%的消费者选择和伴侣出行，9%的消费者单独出行（图5-4）。造成以上前往对象差异的原因主要有以下两方面：第一，消费者前往休闲林业园区的目的不同，造成这种差异的存在。与亲朋好友及伴侣一同出行的消费者主要进行户外休闲体验，欣赏园区自然环境，增进彼此之间的情感；与同学同事一同出行的消费者主要是进行团队建设、丰富园区游憩体验、提高自身文化素质；自己出行的消费者主要是为了锻炼身体，或出于某些其他目的的前往。第二，消费者生活及工作环境的不同，造成这种差异的存在。消费者的活动人群通常是与自己经常接触的人，由于消费者居住地不同、居住对象不同、生活及工作环境不同，导致不同的消费者在进行休闲林业体验时所选择的出行对象不同。

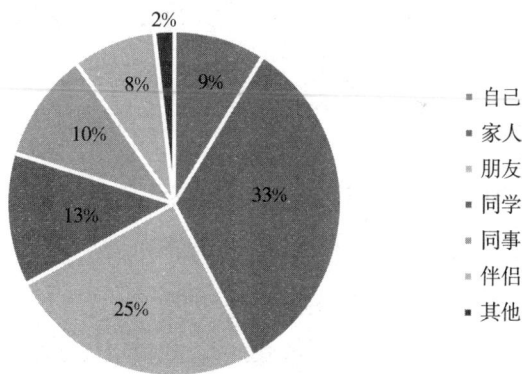

图5-4　与消费者一同前往休闲林业园区的对象
数据来源：实地调研。

4. 出游方式分析

随着北京市经济发展水平的提高，城镇化发展质量的提升以及交通网络的大力发展，交通方式呈现多元化趋势，居民出行方式的选择也更加多样化。许多城乡居民的出行方式不再只是步行、自行车、电动车或者摩托车,拥有私家车的家庭越来越多。据调查,在众多出行方式中,私家车或出租车是消费者最青睐的交通方式,42.5%的消费者认为选择私家车或出租车能够有效缩短前往时间,而且在前往休闲林业园区途中还能享受较高的乘车服务;公交车、旅游大巴、长途汽车作为最常见的交通方式,价格便宜,几乎能到达北京的任何大街小巷,24.90%的消费者选择该种交通方式出行;地铁网络不断修建,里程数越来越多,速度越来越快,时间更加精准,18.70%的消费者倾向这种交通方式;另外,自行车、摩托车、电动车及步行,作为城乡居民家中最常见也是拥有数量最多的交通工具,有11.6%的消费者选择此类交通方式出行,但是受到地理位置和距离远近的与影响,选择此类交通方式的消费者并不多(图5-5)。总之,随着北京市交通网络的不断发展,北京市居民在出行方式上能够享受到良好的服务,并不会因为交通的原因造成无法前往休闲林业园区。

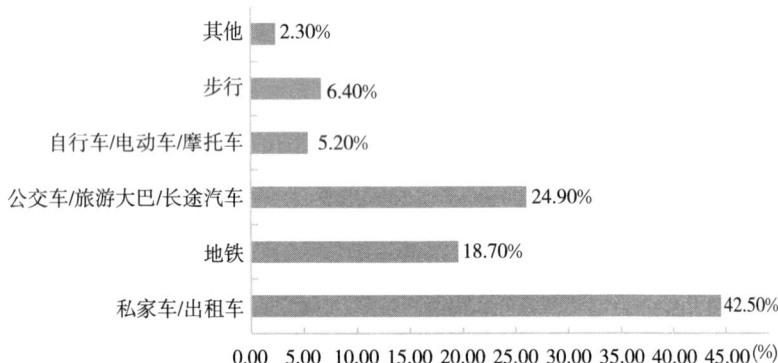

图5-5 消费者前往休闲林业园区的交通方式

数据来源:实地调研。

5. 出行频率分析

出行频率不仅能够反映出消费者出行特征及出行需求,同时也能表现出目的地对消费者的吸引程度。研究消费者对不同休闲林业园区的出游频率有助于更好地了解消费者对休闲林业的市场需求。据调查，消费者前往休闲林业园区的频率是比较低的，且时间间隔长。如图 5-6 所示，超过一半以上的消费者前往休闲林业园区的间隔时间在 1～6 个月内，说明以上人群对休闲林业园区的需求程度低。相比之下，间隔时间在 1 周以内的消费者仅有 7% 左右，这部分消费者虽然前往休闲林业园区的频率比较高，对休闲林业园区的需求程度高，但是这类消费人群的比重较低。表明目前北京市居民的出行为非经常性出行，短时间内前往休闲林业园区的可能性不大，消费者对休闲林业园区的消费频次还不是很高，今后北京市休闲林业的发展要不断提高园区吸引力，把增加消费者出行频率作为未来发展目标之一。

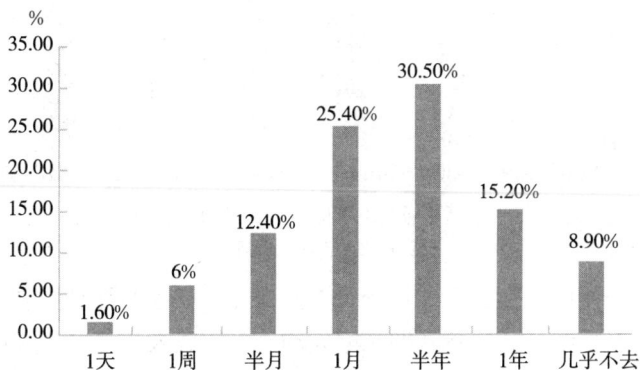

图 5-6　消费者前往休闲林业园区的间隔
数据来源：实地调研。

6. 消费支出分析

消费支出是研究消费者行为的一个重要方面。随着城乡居民可支配收入的增加，人们用于休闲林业体验的消费支出也在不断增加。本研究根据消费者群体总消费额的均值计算出人均消费值，以反映出北京休闲林业消费人群的平均支出水平。由图 5-7 可知，大部分消费者的人均花费水平在 41 元以上，消费者人均花费金额在 20 元及以内或 21~40 元的人数较少。根据统计资料计算，2017 年北京市郊区农业观光园人均消费约为 142 元，民俗旅游人均消费约为 64 元。相比较而言，休闲林业人均消费水平介于观光农业和民俗旅游的人均消费水平之间，略低于两者的平均水平。可见，虽然目前消费者对于北京市休闲林业的消费支出能够达到一定水平，但同北京市的经济发展阶段相比，其消费水平仍然不高。同北京市休闲农业发展相比，消费水平也偏低。

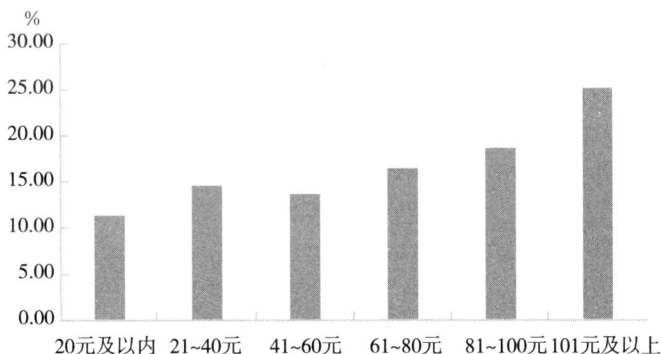

图 5-7　消费者前往休闲林业园区体验的人均花费

数据来源：实地调研。

另一方面，消费者人均花费的多少与家庭人均月平均收入的高低有关。据统计，消费者的家庭人均月平均收入与消费者人均花费的相关关系为正向，呈正相关。也就是说家庭人均月平均收入越高的消费者其可能用于休闲林业的人均花费越多，反之亦然。

消费者人均花费的多少还与消费者在休闲林业园区停留的时间长短有关，二者呈正相关。如表 5-4 所示，消费者停留时间与人均花费的相关系数为 0.351，显著性水平为 0.000，小于 0.01。表明停留时间与人均花费的相关关系为正向，且相关性较强。也就是说消费者在休闲林业园区停留的时间越长，其花费的支出越高，反之亦然。

表 5-4 停留时间与人均花费的相关分析结果表

		停留时间	人均花费
	Pearson Correlation	1	0.351**
	Sig（2-tailed）		0.000
停留时间	Sum of Squares and Cross-products	237.587	164.635
	Covariance	0.757	0.524
	N	315	315
	Pearson Correlation	0.351**	1
	Sig（2-tailed）	0.000	
人均花费	Sum of Squares and Cross-products	164.635	923.854
	Covariance	0.524	2.942
	N	315	315

注：**. Correlation is significant at the 0.01 level (2-tailed).

北京市居民对于休闲林业的消费层次还处于一个比较低的水平。按照马斯洛需求层次理论进行分类，人的需求可以分为生理需要、安全需要、情感和归属需要、尊重的需要及自我实现的需要。生理需要作为需求层理论塔的地基，是维持人们生存与生活的最基本的需要，目前就北京市居民在休闲林业园区的消费支出情况而言，52.1%的消费者最大比例的消费支出为餐饮支出，表明超过一半以上的消费者的消费层次还是比较低的。而用于文化科普教育体验和休闲观光娱乐体验的消费支出比例较低，分别只占总消费者支出比例的 1% 和 9.2%，说明只有少量消费者倾向于更高层次的消费支出（表 5-5）。门票、餐饮、住宿、购物及其他消费的支出虽然占有一定的比例，但各项支出比例之和还是低于餐饮这一指标的比例。产生这种现象的原因可能有如下两个方面：一是北京市居民休闲林业消费水平确实不高，有待于向发展型、享受型消费结构转变；二是由于北京市社会整体发展水平较高，休闲林业园区中部分文教、科普类项目免费向游客开放，因此游客对这部分活动项目的实际支出不高。

表 5-5　比例最大的消费支出

支出类型	人数（人）	百分比（％）
门票支出	68	21.6
餐饮支出	164	52.1
住宿支出	28	8.9
文化科普教育体验支出	3	1
休闲观光娱乐体验支出	29	9.2
购物支出	18	5.7
其他支出	5	1.6

数据来源：实地调研。

7. 消费者了解休闲林业的途径

如图 5-8 所示，消费者熟知的宣传渠道为亲朋好友等口头宣传及网络电视等媒体宣传，对杂志报纸等报刊宣传、旅行社宣传及专家或企业学者宣传的熟悉程度相对次之。随着互联网网络的高速发展，信息传播的方式更加多样化，信息传播的速度更加迅捷，人们获取信息的渠道也更加便利。与此同时，电视、广告、报纸等传播渠道的边界也变得逐渐模糊，媒介间的融合趋势逐渐加强。但是，互联网的发展也存在弊端，例如信息不准确、内容不详实等，因此，出于人与人之间的彼此信任，人们还是更加相信亲朋好友等的口头传达，认为口碑效应往往是获取信息的有效途径。另外，网络电视等媒体宣传，作为信息时代新媒介的代表，广泛被人们接受和认可，因此，熟知这种宣传渠道的消费者也比较多。对于杂志报纸等的宣传方式，尽管也被消费者作为获取信息的方式之一，但相比之下，还是较为落后。而专家或企业学者宣传或旅行社宣传的方式虽然更加可靠且更有针对性，但是受众面较窄，不容易被人们所熟知，因此熟知这种宣传渠道的消费者较少。

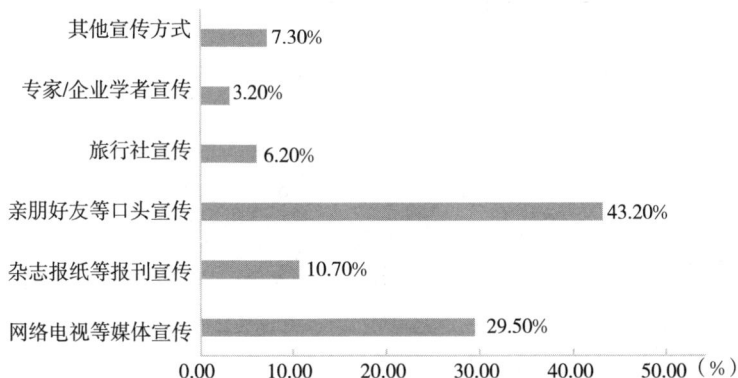

图 5-8　消费者熟知的宣传渠道
数据来源：实地调研。

5.2.2　北京市居民休闲林业消费意愿及态度分析

从消费者层面进行调查，获取消费者前往休闲林业园区的意愿及态度，有助于对消费者的消费行为进行更深层次的把握和理解，对于从消费行为角度研究北京市休闲林业发展具有重要的意义。

1. 消费意愿分析

消费者前往意图与年龄交叉列表见表 5-6。总体来看，不同年龄消费者的前往意图与总样本分布大致相同。从横向看，年龄在 19～45 周岁的消费者偏向放松心情、锻炼身体、呼吸新鲜空气、参观景点、休闲观光、节庆体验、品尝风味菜肴及丰富文化知识。从纵向看，年龄在 18 岁及以下消费者的前往意图偏向呼吸新鲜空气和休闲观光，年龄在 46 周岁及以上的消费者偏向放松心情、锻炼身体和呼吸新鲜空气。可见，消费者前往休闲林业园区最主要的意图是放松心情、锻炼身体及呼吸新鲜空气。

表 5-6　不同年龄消费者前往休闲林业园区的主要意图

主要意图	18 岁及以下	19～25 岁	26～35 岁	36～45 岁	46～55 岁	56 岁以上	合计
放松心情	0	62	81	62	25	10	240
锻炼身体	1	35	50	39	15	8	148
呼吸新鲜空气	2	48	60	55	18	5	188
参观景点	1	28	31	22	13	5	100
休闲观光	2	32	38	30	8	6	116
节庆体验	0	7	8	4	5	0	24
品尝风味菜肴	0	6	21	12	8	5	52
丰富文化知识	0	13	16	12	5	4	50
其他	1	2	3	4	2	2	14
合计	6	83	98	82	31	15	315

数据来源：实地调研。

2. 服务偏好分析

随着城乡居民对精神文化消费需求的增加，人们对服务质量的要求也在逐步增加。消费者前往休闲林业园区不仅需要感受林间的自然环境，还需要进行其他方面的体验活动以及享受餐饮、住宿及购物等服务，这就要求休闲林业园区提供的服务项目必须符合不同消费者的消费需求，同时还需为广大消费者提供丰富的服务项目种类。据调查，在众多服务项目中，活动体验最受到消费者的青睐，占比为 42%；其次是餐饮服务，占比为 21%；接着是亲子游戏，占比为 15%；然后是住宿服务，占比 10%（图 5-9）。说明消费者在前往休闲林业园区时所倾向的服务不仅仅是对活动项目的体验，还需要提供最基本的食宿服务。

如表 5-7 所示，从性别上来看，男性和女性对所倾向的服务的差别不大，也就是说性别对休闲林业提供服务消费的影响不显著。但是仔细观察可以发现，男性所倾向的服务类型为提供住宿、餐饮服务或其他服务；女性消费者倾向的服务类型为出售商品、活动体

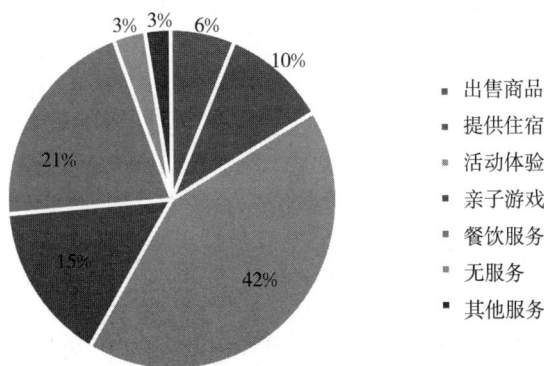

图 5-9　消费者倾向的服务
数据来源：实地调研。

验及亲子游戏，这与女性消费者购物习惯和照看孩子的频率相关。

表 5-7　消费者最倾向的服务

性别	出售商品	提供住宿	活动体验	亲子游戏	餐饮服务	无服务	其他服务	合计
男	8	20	60	20	36	9	6	159
女	12	12	72	28	29	1	2	156
合计	20	32	132	48	65	10	8	315

数据来源：实地调研。

3. 活动体验分析

　　休闲林业作为北京市林业经济发展的主要方式之一，不仅整合了现有的林业资源，还融合了休闲经济的元素，把林业经济发展成为满足人们休闲消费需求的新形态。休闲体验作为休闲林业发展的一部分，受到消费者的广泛关注。在对消费者进行休闲林业园区体验类型调查时发现：注重休闲观光娱乐体验的消费者最多，比例高达 49.2%；其次是注重度假养生疗养体验的消费者，比例达 25.4%；然后是注重文化科普教育体验的消费者，比例为 14.3％；对于注重餐饮体验和品牌知名度体验的消费者比例相对较少（图 5-10）。说明目前北京市居民的休闲消费体验需求是比较高的，消费者的目光已由传统的食宿体验转向为提高自身身体素质、丰富自身科学文化知识以及追求更高层次的精神满足的体验。

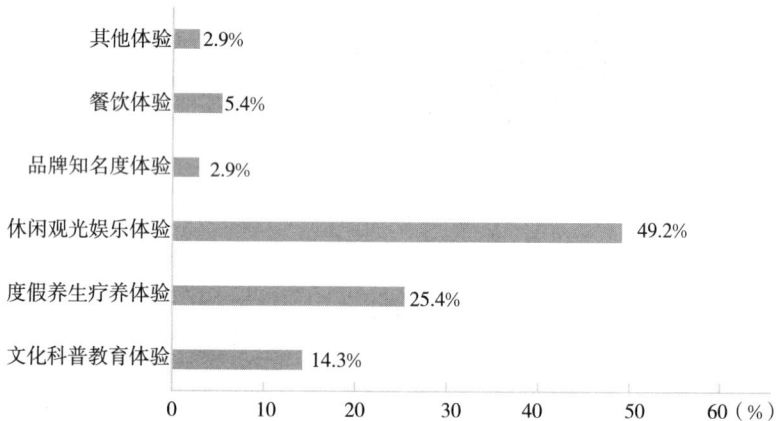

图 5-10　消费者注重的体验

数据来源：实地调研。

4. 设施评价分析

从表 5-8 中可以看出，消费者对休闲林业园区的基础设施评价和休闲观光等配套设施的评价大体上相同。整体上来看，消费者对两种设施评价最多的选项为一般，其次是比较不完善，接着是比较完善。但总的来说，消费者对两种设施的评价都处于一个比较中立的状态，相比之下，消费者认为基础设施完善程度的水平稍高一些。说明目前北京市休闲林业园区的设施建设水平比较一般，不太符合消费者对休闲林业园区提供设施完善程度的预期，只能满足部分消费者在设施体验上的需要。针对以上问题，今后北京市休闲林业的发展要继续完善休闲林业园区的配套设施建设，并不断提升园区的服务管理水平，向消费者展示北京林业发展的新形象。

表 5-8　基础设施与休闲观光等配套设施的交叉表

		休闲观光等配套设施						合计
		非常不完善	比较不完善	一般完善	比较完善	非常完善	说不清	
基础设施	非常不完善	3	5	1	0	0	0	9
	比较不完善	4	55	11	4	1	0	75
	一般完善	2	11	125	15	1	0	154
	比较完善	2	4	12	34	1	1	54
	非常完善	0	0	0	8	1	0	9
	说不清	1	1	0	2	0	10	14
合计		12	76	149	63	4	11	315

数据来源：实地调研。

5. 满意度分析

消费者对休闲林业园区的满意程度通常决定着消费者的二次前往，同时也会影响着消费者交际圈的人群前往，因此，研究消费者对休闲林业园区的满意程度对促进北京休闲林业发展具有重要的影响。调查显示：感到满意的消费者所占的比例远大于感到不满意的消费者所占的比例，感到一般满意的消费者所占的比例最大，非常满意和非常不满意的消费者所占比例较小（图 5-11）。说明就北京市休闲林业目前发展而言，消费者对休闲林业园区提供的环境、服务等的满意程度整体上较高，同时表明北京市休闲林业的发展在一定程度上能够满足北京市居民对休闲消费的需求。

6. 服务水平分析

消费者对休闲林业园区服务水平的评价是检验北京市休闲林业发展水平的重要指标之一。消费者对休闲林业园区服务水平的评价程度越高，代表休闲林业园区提供的服务越能满足消费者的消费需求，消费者对自身所享受到的服务越感到满意；消费者对服务水平的评价程度越低，代表消费者所享受到的服务越没有达到消费者的

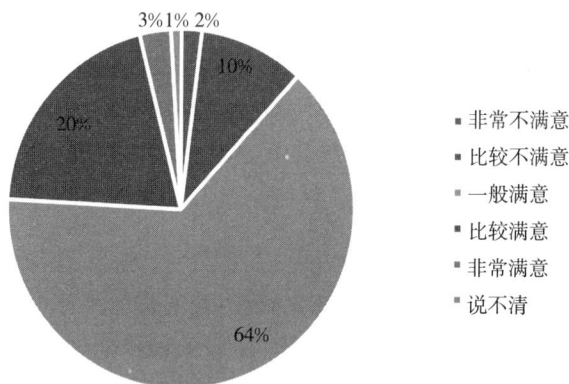

图 5-11　消费者的满意程度
数据来源：实地调研。

消费预期，也就更大程度上容易增加消费者对休闲林业发展的不满意程度。调查显示，66.30%的消费者认为目前北京市休闲林业园区提供的服务水平为一般；16.8%的消费者认为服务水平比较高；8.60%的消费者认为服务水平比较差；还有1%的消费者认为服务水平非常高，1.9%的消费者认为服务水平极差（图5-12）。总体

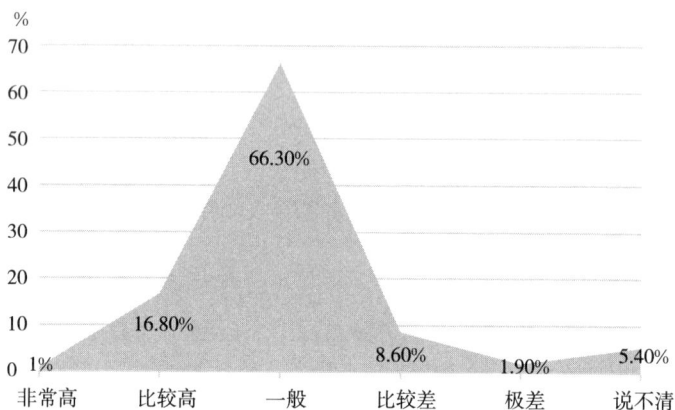

图 5-12　消费者对休闲林业园区服务水平的评价
数据来源：实地调研。

来看，消费者普遍认为休闲林业园区的服务水平是处于中等偏上的，尽管有部分消费者认为园区的服务水平有待改进，但总体而言，消费者还是比较认可园区的服务水平的，说明目前北京市休闲林业园区对消费者提供的服务在一定程度上能够满足消费者的消费需求，但是园区服务水平还有一定提升空间。

7. 产品类型分析

消费者前往休闲林业园区对所倾向购买的商品种类也是有差别的。如图 5-13 所示，消费者前往休闲林业园区倾向购买商品的比例大于不购买商品的比例。其中，在消费者倾向购买的商品种类中，最易购买的商品种类为农副产品，其次是特色纪念品。说明消费者在前往休闲林业消费场所时是有购买商品的消费动机的，而且休闲林业园区目前所提供的这种连带促销商品的方式在一定程度上能够让部分消费者接受，并且能够刺激消费者进行消费。

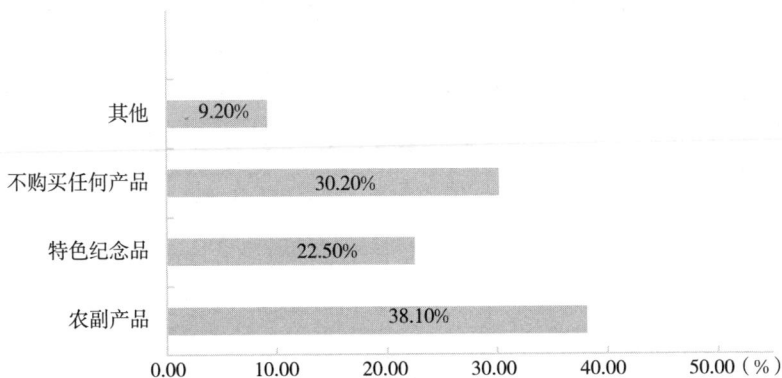

图 5-13 消费者倾向购买的商品种类
数据来源：实地调研。

8. 重游意愿分析

北京市休闲林业的发展水平和质量在很大程度上会影响消费者的二次消费。休闲林业园区的环境质量、设施完善程度、服务水平、活动丰富程度、游客量、距离远近、交通便利程度、安全系数高低等因素都会影响消费者对所前往的休闲林业园区进行评价及选择。本研究调查显示，约有 83.5% 的消费者愿意下次继续前往休闲林业园区；不愿继续前往的消费者仅占总人数的 16.5%。据调查，消费者最关注休闲林业园区的三个方面分别为：环境质量、产品特色及基础设施完善水平（如表 5-9 所示），而愿意继续前往休闲林业园区进行二次消费的消费者主要是被园区的生态环境、活动丰富程度以及设施完善程度所吸引，说明大部分消费者所进行的体验及享受到的服务符合消费者对休闲林业园区的消费预期；不愿继续前往休闲林业园区进行二次消费的消费者的原因如图 5-14 所示，其中，距离太远、基础设施不完善、票价太高等三个因素是消费者不愿继续前往的主要原因，说明以上三个因素没有达到少部分消费者的消费预期。另外从整体上看，基础设施的完善程度不仅是消费者对休闲林业园区提供服务的关注点，同时也是影响消费者是否愿意继续前往休闲林业园区进行重游的重要因素。因此，继续提高休闲林业园区的服务管理水平，进一步提升基础设施完善程度是促进北京市休闲林业发展的重要因素。

表 5-9 消费者关注因素表

因素	人数	占比（%）	有效占比（%）	累积占比（%）
环境质量	147	46.7	46.7	46.7
产品特色	48	15.2	15.2	61.9
传统文化	29	9.2	9.2	71.1
基础设施	35	11.1	11.1	82.2
娱乐设施	29	9.2	9.2	91.4
服务态度	18	5.7	5.7	97.1
园区知名度	5	1.6	1.6	98.7
其他	4	1.3	1.3	100
合计	315	100	100	

数据来源：实地调研。

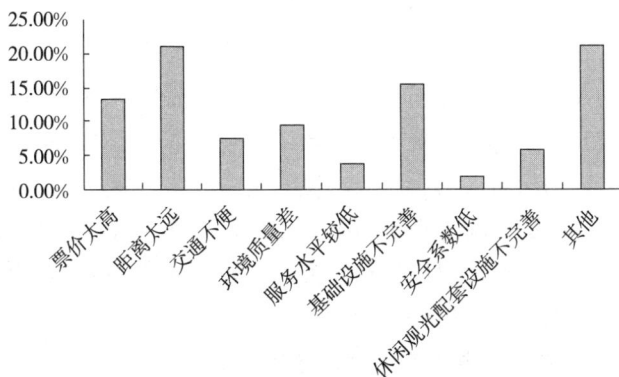

图 5-14 消费者不愿继续前往休闲林业园区的原因
数据来源：实地调研。

5.3 本章小结

1. 森林公园是北京休闲林业消费者的首选目的地

北京休闲林业消费者前往最多的休闲林业园区为森林公园。影响消费者做出选择的原因主要有以下三方面：第一，消费者个人消费习惯和喜好不同，对休闲林业的了解程度不同，加上不同休闲林业园区定位不同，园区活动丰富程度、设施完善程度不同，影响消费者决策；第二，目前北京市休闲林业的发展处于起步阶段，很多休闲林业类型（如林家乐）在北京只现雏形，并没有完全发展起来，导致不同类型场所样本量上的差异；第三，从发展数量和种类上讲，森林公园是休闲林业发展数量最多，种类最丰富的场所，相比之下，其他模式的数量及种类较为单一，因此造成消费者在选择上的差异。

2. 消费者以短期出行为主，出行频率不高

在时节选择上，消费者更倾向于一年四季前往休闲林业园区，欣赏园区四季不同的优美环境，领略园区不同时节的美；在时间选择上，消费者更偏向于周末和节假日前往，主要为了缓解学习、工作压力；在停留时间上，消费者普遍选择一天及以内，对食宿及其他活动的兴趣不大；在前往频率上，消费者前往休闲林业园区的时间间隔较长，大部分消费者前往频率控制在半年之内，前往频率在一个月之内的消费者占比较低。说明北京市休闲林业发展的市场前景是十分广阔的，能够吸引消费者前往，但是在消费者园区停留时间及出行频率上应作出调整和改善，发展更具园区特色，更吸引消费者的活动项目。

3. 消费者出行方式多样化，且多为结伴出行

消费者前往休闲林业园区最易选择的交通方式为私家车或出租车、公交车或旅游大巴或长途汽车；最易结伴的对象为家人或朋友；园区最大的消费支出为餐饮支出，其次为门票支出；消费者的人均花费达到一定水平，但同北京市经济社会发展整体水平相比，仍有待提高。说明随着城乡居民生活水平和生活质量的改善，选择代步出行已经成为消费者出行的主要方式，消费者出行大多是结伴而行，以加强亲朋好友间的关系，联络彼此之间的感情；随着城乡居民人均可支配收入的增加，消费者用于园区消费的水平也在不断增加，但仍有增长空间。

4. 消费者最关注的休闲项目为体验类活动

消费者前往休闲林业园区的主要意图为放松心情、锻炼身体及呼吸新鲜空气；最倾向的服务为活动体验、餐饮服务及亲子游戏；最关注的因素为环境质量、产品特色及基础设施；最注重的体验为休闲观光娱乐体验、文化科普教育体验及度假养生疗养体验；最倾向购买的产品为农副产品。说明消费者比较注重精神上的满足及活动体验，园区的环境质量、活动丰富度、设施完善程度、产品特色直接影响着消费者前往。

5. 消费者对休闲林业有一定认同感，但园区发展水平仍需提高

消费者对休闲林业园区的满意程度比较高，认为园区的服务水平较高，对园区的整体评价较好，消费者愿意下次继续前往休闲林业园区的比例远大于不愿继续前往的消费者；随着节假日天数的增加，消费者乐于增加前往休闲林业园区的次数。但是，就目前北京市休闲林业发展现状而言，消费者普遍认为休闲林业园区的基础设施及休闲观光等配套设施的完善程度有待提高。说明，北京市休闲林业的发展得到了广大消费者的认同，并在一定程度上能够满足消费者的消费需求，但是园区的设施水平没有达到消费者的消费预期，今后应继续加强对设施建设的投入，完善服务设施。

第6章 北京市居民休闲林业消费行为的影响因素分析

要研究消费者对休闲林业的消费行为，既要对休闲林业园区的客观发展实际进行了解，也要通过主观意愿及态度进行评价，从而得出消费者对休闲林业发展的整体评价。基于此，本章对影响北京市居民休闲林业消费行为的因素进行调查，从而得出影响北京市居民休闲林业消费行为最显著的因素。

6.1 影响因素分值法

6.1.1 变量设置

影响北京市居民休闲林业消费行为的因素包括消费行为因素和消费意愿及态度因素两方面。消费行为因素包括距离远近和交通便利2个变量；消费意愿及态度因素包括环境质量、门票价格、基础设施、休闲观光配套设施、安全卫生设施、服务水平、活动项目、园区特色、园区知名度和园区游客量10个变量。根据以上12个变量进行的数据处理分析，进行计算，从而得出相关结论。如表6-1所示，为12个变量名称及取值，研究中分别赋予1～5为不同重要程度的变量，其中，1为很不重要，5为非常重要，随着变量数值的增加，重要程度也在依次递增。

表6-1 变量名称及取值

变量名	变量定义	取值
距离远近	1～5	1=很不重要，2=不重要，3=一般重要，4=重要，5=非常重要

（续）

变量名	变量定义	取值
交通便利	1～5	1＝很不重要，2＝不重要，3＝一般重要，4＝重要，5＝非常重要
环境质量	1～5	1＝很不重要，2＝不重要，3＝一般重要，4＝重要，5＝非常重要
门票价格	1～5	1＝很不重要，2＝不重要，3＝一般重要，4＝重要，5＝非常重要
基础设施	1～5	1＝很不重要，2＝不重要，3＝一般重要，4＝重要，5＝非常重要
休闲观光配套设施	1～5	1＝很不重要，2＝不重要，3＝一般重要，4＝重要，5＝非常重要
安全卫生设施	1～5	1＝很不重要，2＝不重要，3＝一般重要，4＝重要，5＝非常重要
服务水平	1～5	1＝很不重要，2＝不重要，3＝一般重要，4＝重要，5＝非常重要
活动项目	1～5	1＝很不重要，2＝不重要，3＝一般重要，4＝重要，5＝非常重要
园区特色	1～5	1＝很不重要，2＝不重要，3＝一般重要，4＝重要，5＝非常重要
园区知名度	1～5	1＝很不重要，2＝不重要，3＝一般重要，4＝重要，5＝非常重要
园区游客量	1～5	1＝很不重要，2＝不重要，3＝一般重要，4＝重要，5＝非常重要

6.1.2　变量频数分布

通过对消费者进行消费行为的影响因素调查，获悉了消费者对不同影响因素的重要性程度评价。如表6-2所示，为变量名称及相应的频数分布结果。可以发现，在众多变量中，消费者认为最为重要的影响因素为环境质量、活动项目、园区游客量和交通便利四个因素。

表 6-2 变量名称及频数分布

名称/重要程度	很不重要	不重要	一般重要	重要	非常重要
距离远近	0	19	93	124	79
交通便利	1	6	36	169	103
环境质量	0	3	19	101	192
门票价格	1	23	125	125	41
基础设施	1	13	82	153	66
休闲观光配套设施	1	18	91	128	77
安全卫生设施	1	5	37	171	101
服务水平	0	13	85	155	62
活动项目	0	3	28	102	182
园区特色	3	31	86	124	71
园区知名度	2	23	124	127	39
园区游客量	0	6	28	107	174

数据来源：实地调研。

6.1.3 计算过程

通过运用影响因素分值法①进行计算，得出影响北京市居民休闲林业消费行为最显著的因素。上文将 1～5 赋值为不同程度的影响变量，这里，将 1～5 按照重要性程度分别赋值为 1 分、2 分、3 分、4 分、5 分。结合表 5-2 的频数分布结果，计算出单个影响因素的总分值，计算结果如下：

$$F_1 = 0 \times 1 + 19 \times 2 + 93 \times 3 + 124 \times 4 + 79 \times 5 = 1\ 208$$
$$F_2 = 1 \times 1 + 6 \times 2 + 36 \times 3 + 169 \times 4 + 103 \times 5 = 1\ 312$$

---

① 本研究所指的影响因素分值法是指，通过赋予不同重要性程度分值的方式，将不同等级的重要性程度进行区分，通过将"很不重要—非常重要"等重要性程度依次赋值 1～5 分，结合不同变量的频数分布结果，将二者进行乘积，计算出单个影响因素的总分值，即为影响因素分值法。

$$F_3 = 0 \times 1 + 3 \times 2 + 19 \times 3 + 101 \times 4 + 192 \times 5 = 2\,072$$
$$F_4 = 1 \times 1 + 23 \times 2 + 125 \times 3 + 125 \times 4 + 41 \times 5 = 1\,127$$
$$F_5 = 1 \times 1 + 13 \times 2 + 82 \times 3 + 153 \times 4 + 66 \times 5 = 1\,215$$
$$F_6 = 1 \times 1 + 18 \times 2 + 91 \times 3 + 128 \times 4 + 77 \times 5 = 1\,207$$
$$F_7 = 1 \times 1 + 5 \times 2 + 37 \times 3 + 171 \times 4 + 101 \times 5 = 1\,311$$
$$F_8 = 0 \times 1 + 13 \times 2 + 85 \times 3 + 155 \times 4 + 62 \times 5 = 1\,211$$
$$F_9 = 0 \times 1 + 3 \times 2 + 28 \times 3 + 102 \times 4 + 182 \times 5 = 1\,408$$
$$F_{10} = 3 \times 1 + 31 \times 2 + 86 \times 3 + 124 \times 4 + 71 \times 5 = 1\,174$$
$$F_{11} = 2 \times 1 + 23 \times 2 + 124 \times 3 + 127 \times 4 + 39 \times 5 = 1\,123$$
$$F_{12} = 0 \times 1 + 6 \times 2 + 28 \times 3 + 107 \times 4 + 174 \times 5 = 1\,394$$

$F_1 \sim F_{12}$ 为 12 个变量的总分值，如表 6-3 所示。通过影响因素分值法，分别计算出 12 个变量的总分值。可以发现，12 个变量中，排名前四个的变量名称分别为环境质量、活动项目、园区游客量及交通便利。因此，通过简单的影响因素分值法，粗略地计算出单个变量的总分值，得到影响北京市居民休闲林业消费行为的最显著的变量。

表 6-3 变量名称及分值

名称	总分	排序
距离远近	1 208	8
交通便利	1 312	4
环境质量	2 072	1
门票价格	1 127	11
基础设施	1 215	6
休闲观光配套设施	1 207	9
安全卫生设施	1 311	5
服务水平	1 211	7
活动项目	1 408	2

（续）

名称	总分	排序
园区特色	1 174	10
园区知名度	1 123	12
园区游客量	1 394	3

6.1.4 结果分析

1. 环境质量对休闲林业消费影响显著

环境质量始终是消费者衡量休闲林业发展水平的一个重要因素。随着北京市城镇化发展速度的加快，城市生活节奏的加快，城市发展在为居民创造良好生活、工作环境的同时，也造成了一定的生态破坏，如汽车尾气排放、雾霾、城市热岛效应等，严重影响着居民的生活，居民越来越渴望蔚蓝的天空、新鲜的空气、优美的环境。另一方面，伴随城乡居民生活水平的提升，闲暇时间的增多，人们越来越注重精神层面的满足，对休闲娱乐的消费支出逐渐增多，人们更有能力也更有时间进行消费。与此同时，对前往消费场所的要求也在不断提升，尤其是消费场所的环境质量情况。环境质量越高越能吸引消费者前往，环境质量越差越能阻碍消费者的步伐。可见，环境质量对休闲林业消费影响显著。

2. 活动项目对休闲林业消费影响显著

活动项目的丰富程度是吸引消费者前往休闲林业园区进行消费的一大关键因素。随着北京市居民对精神文化体验消费需求的增加，消费者前往休闲林业园区进行活动项目体验的可能性和频率也在不断的增加。由于北京市人口众多，且流动性大，消费者的个人偏好不同自身的消费需求不同，及性别、年龄差异，造成不同消费者对于休闲林业活动项目的需求不同。休闲林业园区提供的活动项目种类越丰富，供消费者选择的空间越大，也越容易满足不同消费者的消费需求。相反，若是休闲林业园区提供的活动项目种类单一，或不提供任何活动项目，消费者可供选择的空间受限，对休闲林业的评价也会发生变化，甚至会影响消费者今后的消费决策，因此，休闲林业园区活动项目的丰富程度是促进休闲林业消费的一大关键因素，活动项目对休闲林业消费影响显著。

3. 园区游客量对休闲林业消费影响显著

园区游客量的多少是影响休闲林业消费的另一个重要因素。游客量越多，消费者进行消费的可能性越大，休闲林业园区提供的消费项目越丰富，消费者可供选择的范围就越广泛；游客量越少，消费者进行消费的可能性越低，休闲林业园区提供的消费项目越单一，消费者可供消费的种类就越少。随着北京市居民对休闲林业消费需求的增加，闲暇时间的增多，消费者前往休闲林业园区进行消费的机会增加。对大部分消费者而言，前往休闲林业园区更多的是为了满足从众的消费心理，进行知名度上的体验，对于园区很多的消费采取的是跟风体验，口碑效应和从众消费很大程度上影响了消费者做出消费决策，从而刺激了休闲林业消费。对于部分自己进行休闲林业体验的消费者，更多地是为了欣赏园区环境、锻炼和养生，尽管会有部分消费者进行消费体验，但是消费的可能性大大降低，对休闲林业消费的差异也会显现。可见，园区游客量对休闲林业消费影响显著。

4. 交通便利程度对休闲林业消费影响显著

北京作为全国政治中心、文化中心、国际交往中心和科技创新中心，集聚了各方优势，具有雄厚的科技实力，拥有大量的实用人才，交通网络更是四通八达。虽然北京市交通便利程度大大提升，但是仍然没有完全解决交通拥堵问题，尤其是在早晚高峰时段，及周末、节假日期间，交通压力丝毫没有得到缓解。尽管大多数休闲林业园区位于北京市郊区、偏远山区，但是仍会出现交通拥堵状况，加上消费者前往休闲林业园区所花费的时间成本也高，在同等情况下，消费者更偏向于前往距离较近且通达性较高的园区进行消费，从而放弃那些距离较远且交通拥堵情况严重的场所。可见，交通便利程度对休闲林业消费影响显著。

6.2 主成分分析法

6.2.1 变量设置

变量设置如表 6-1 所示。

6.2.2 模型选用

本部分主要选取的分析方法为 SPSS18.0 中因子分析法中的主成分分析方法，运用因子分析方法中降维的思路，将多个变量整合成几个少数无关的变量，从而进行分析。

在对数据进行分析之前，需要对数据进行信度分析。表 6-4 所示为参与问卷信度分析的统计数据。共发放问卷 315 份，其中，有效分析的问卷数量为 315 份，所有数据均为有效数据，无缺失值。

表 6-4 问卷统计结果

		样本数	占比（%）
	Valid	315	100.0
Cases	Excludeda	0	0.0
	Total	315	100.0

注：Listwise deletion based on all variables in the procedure.

如表 6-5 所示，信度分析的克朗巴哈 α 系数为 0.830，标准化后的克朗巴哈 α 系数为 0.841。信度系数均大于 0.8，表明问卷具有良好的信度，可以进行数据分析。

表 6-5 克朗巴哈 α 系数表

Cronbach's Alpha	Cronbach's Alpha Based on Standardized Items	N of Items
0.830	0.841	12

同时，为了检验调查数据是否适合进行因子分析，我们对数据进行 KMO 检验和 Bartlett 检验。如表 6-6 所示，本研究中 KMO 的取值为 0.670，数值较高，表示数据具有良好的相关性并且可以进行因子分析；而 Bartlett 检验中，Sig 值为 0.000，表明样本数据来自正态分布总体，可以拒绝变量相互独立的假设，适合进一步进行分析。

表 6-6　KMO 检验和 Bartlett 检验结果

Kaiser-Meyer-Olkin Measure of Sampling Adequacy.		0.670
Bartlett's Test of Sphericity	Approx. Chi-Square	4 066.150
	df	66
	Sig	0.000

1. 研究假设

影响北京市居民前往休闲林业园区的因素有很多，包括消费行为因素和消费态度及意愿因素两部分。本研究假设以上 12 个变量对北京市休闲林业消费影响显著，具体如下：

（1）消费者出行一般会将出行范围控制在最优半径内，最优半径距离内消费者前往的可能性大，超过最优半径外消费者会综合考虑其他因素再做出决定。为了解距离远近对休闲林业消费的影响，本研究假设：

假设 1：距离远近对休闲林业消费影响显著。

（2）随着城乡居民生活水平的提高，交通网络的发展，人们出行可选择的交通方式更加多样化，对交通的便利程度要求更高。交通通达性成为消费者衡量休闲林业发展的一个重要指标。为了解交通便利程度对休闲林业消费的影响，本研究假设：

假设 2：交通便利程度对休闲林业消费影响显著。

（3）环境质量是吸引消费者前往休闲林业园区的一个重要指标。随着北京市城市发展步伐的加快，就业者工作压力的递增，城市雾霾严重，空气质量差，消费者急需休闲林业园区提供一个环境质量较高的场所进行放松。为了解环境质量对休闲林业消费的影响，本研究假设：

假设3：环境质量对休闲林业消费影响显著。

（4）休闲林业园区实行门票定价制是为了增加园区收入及限制园区游客量的有效手段。但是从实际情况看，消费者对实行票价制的看法不一。为了解门票价格对休闲林业消费的影响，本研究假设：

假设4：门票价格对休闲林业消费影响显著。

（5）基础设施完善水平的高低直接反映出休闲林业发展的服务水平。随着城乡居民消费水平的提升，对休闲林业园区的基础设施完善水平的要求更高。为了解基础设施对休闲林业消费的影响，本研究假设：

假设5：基础设施对休闲林业消费影响显著。

（6）随着城乡居民生活质量的提升，恩格尔系数的降低，人们更多地追求的是精神层面的满足，因此对休闲观光娱乐的支出增加，对休闲观光配套的需求发展变化。为了解休闲观光配套对休闲林业消费的影响，本研究假设：

假设6：观光配套设施对休闲林业消费影响显著。

（7）安全卫生是北京市居民出行最先考虑的因素。安全卫生系数水平的高低很大程度上影响着消费者对休闲林业园区的选择。为了解安全卫生设施对休闲林业消费的影响，本研究假设：

假设7：安全卫生设施对休闲林业消费影响显著。

（8）园区服务水平可表现在诸多方面，如工作人员的服务态度、园区设施的完善程度、宣传力度等都容易成为消费者衡量休闲林业发展的指标。为了解服务水平对休闲林业消费的影响，本研究假设：

假设8：服务水平对休闲林业消费影响显著。

（9）活动项目的种类及丰富度是不同休闲林业园区发展水平的重要标志。随着城乡居民消费水平的提升，人们对休闲体验消费不断增加，更加注重园区项目体验的特色。为了解活动项目对休闲林业消费的影响，本研究假设：

假设9：活动项目对休闲林业消费影响显著。

（10）消费者前往休闲林业园区的目的不同，对园区特色的需求也不同。但总体上，园区特色是吸引消费者前往消费的一大关键指标。为了解园区特色对休闲林业消费的影响，本研究假设：

假设10：园区特色对休闲林业消费影响显著。

（11）园区知名度是休闲林业发展的品牌，很多消费者前往休闲林业园区都是慕名而来，同时，知名度在很大程度上会影响消费者做出消费决策。为了解园区知名度对休闲林业消费的影响，本研究做出假设：

假设11：园区知名度对休闲林业消费影响显著。

（12）园区游客量的多少成为消费者前往休闲林业园区的指标之一。由于消费者个人消费习惯、偏好程度的差异，有的消费者偏向游客量多的园区，有的更乐意于前往游客量少的园区。为了解园区游客量对休闲林业消费的影响，本研究做出假设：

假设12：园区游客量对休闲林业消费影响显著。

2. 结果分析

（1）方差贡献率和累积贡献率。为了将变量整合成几个相互无关的主成分变量，对12个变量进行了主成分分析。如表6-7所示，分别列举了12个变量的特征根、方差贡献率和累积贡献率。从表中可以看出，特征根大于1的值有4个，因此SPSS在分析过程中选择了4个主成分。第一个主成分的特征根为4.590，解释了总变异的38.253%；第二个主成分的特征根为2.093，解释了总变异的17.438%；第三个主成分的特征根为1.775，解释了总变异的14.792%；第四个主成分的特征根为1.478，解释了总变异的

12.313%。前四个主成分的方差占全部主成分方差的 82.797%，即累积贡献率为 82.797%，远大于 70%，因此基本能够代替原来的变量。

表 6-7　方差贡献率和累积贡献率解释的总方差

成分	初始特征值			提取平方和载入		
	合计	方差（%）	累积（%）	合计	方差（%）	累积（%）
1	4.590	38.253	38.253	4.590	38.253	38.253
2	2.093	17.438	55.692	2.093	17.438	55.692
3	1.775	14.792	70.484	1.775	14.792	70.484
4	1.478	12.313	82.797	1.478	12.313	82.797
5	0.821	6.845	89.642			
6	0.693	5.775	95.417			
7	0.241	2.009	97.426			
8	0.094	0.782	98.208			
9	0.078	0.647	98.855			
10	0.063	0.523	99.377			
11	0.050	0.419	99.796			
12	0.024	0.204	100.000			

注：提取方法：主成分分析。
数据来源：实地调研。

（2）碎石图。如图 6-1 的碎石图所示，横轴为 12 个变量的序号，纵轴为相应的特征根。可以发现，随着变量因素序号的增加，特征根呈现递减趋势。而特征根的值大于 1 的因素只有四个，从第四个因素开始特征根的值继续降低，但是整体变化不大。说明只需要提取前四个主成分就可以进行因子分析。这与上文中对 12 个变量进行的方差贡献率和累积贡献率的结果是一致的。

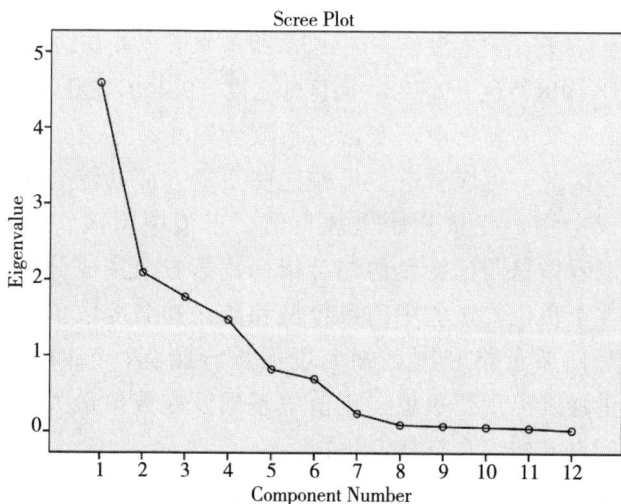

图 6-1　碎石图

（3）成分矩阵。表 6-8 为成分矩阵表。需要注意的是，此处的各个变量已不再是原来的初始变量，而是标准化变量。其中：

$F_1 = 0.636 \times$ 距离远近 $+0.766 \times$ 交通距离 $+0.771 \times$ 环境质量 $+0.475 \times$ 门票价格 $+0.488 \times$ 基础设施 $+0.632 \times$ 休闲观光配套设施 $+0.761 \times$ 安全卫生设施 $+0.497 \times$ 服务水平 $+0.736 \times$ 活动项目 $+0.229 \times$ 园区特色 $+0.499 \times$ 园区知名度 $+0.696 \times$ 园区游客量

$F_2 = -0.592 \times$ 距离远近 $-0.304 \times$ 交通距离 $+0.330 \times$ 环境质量 $-0.151 \times$ 门票价格 $+0.485 \times$ 基础设施 $-0.618 \times$ 休闲观光配套设施 $-0.307 \times$ 安全卫生设施 $+0.501 \times$ 服务水平 $+0.355 \times$ 活动项目 $+0.524 \times$ 园区特色 $-0.148 \times$ 园区知名度 $+0.363 \times$ 园区游客量

$F_3 = -0.235 \times$ 距离远近 $-0.235 \times$ 交通距离 $+0.165 \times$ 环境质量 $+0.728 \times$ 门票价格 $-0.448 \times$ 基础设施 $-0.220 \times$ 休闲观光配套设施 $-0.248 \times$ 安全卫生设施 $-0.446 \times$ 服务水平 $+0.157 \times$ 活动项目 $+0.126 \times$ 园区特色 $+0.728 \times$ 园区知名度 $+0.165 \times$ 园区游客量

$F_4 = -0.022$ 距离远近 $+0.048 \times$ 交通距离 $-0.438 \times$ 环境质量 $+0.442 \times$ 门票价格 $+0.498 \times$ 基础设施 $-0.040 \times$ 休闲观光配套设施 $+0.047 \times$ 安全卫生设施 $+0.466 \times$ 服务水平 $-0.461 \times$ 活动项目 $+0.208 \times$ 园区特色 $+0.422 \times$ 园区知名度 $-0.429 \times$ 园区游客量

在第一个主成分中，变量的系数普遍相差不大，所有值都为正数，因此，可以看成是反映这些变量方面的综合指标；第二个主成分中，变量开始出现负值，正值中园区特色数值较大，可以看做是园区特色的综合指标；第三个主成分中，变量依然存在正负值，正值中门票价格和园区知名度数值最大，可以看做是门票价格和园区知名度的综合指标；第四个主成分中，变量继续出现正负值，正值中基础设施数值最大，可以看做是基础设施的综合指标。

表 6-8　成分矩阵

	成分			
	1	2	3	4
距离远近	0.636	−0.592	−0.235	−0.022
交通便利	0.766	−0.304	−0.235	0.048
环境质量	0.771	0.330	0.165	−0.438
门票价格	0.475	−0.151	0.728	0.442
基础设施	0.488	0.485	−0.448	0.498
休闲观光配套设施	0.623	−0.618	−0.220	−0.040
安全卫生设施	0.761	−0.307	−0.248	0.047
服务水平	0.497	0.501	−0.446	0.466
活动项目	0.736	0.355	0.157	−0.461
园区特色	0.229	0.524	0.126	0.208
园区知名度	0.499	−0.148	0.728	0.422
园区游客量	0.696	0.363	0.165	−0.429

6.2.3　分析结果

1. 距离远近对休闲林业消费影响显著

在北京市交通拥堵情况没有得到缓解，加上部分休闲林业园区交通不便的情况下，消费者会选择最优前往半径，即将出行距离控制在消费者可接受的范围内，也就是说距离越近的休闲林业园区消费者选择的可能性越大，距离越远的场所消费者选择的可能性越小。另一方面，距离远近与消费者在路上需要花费的时间长短有关。在交通便利条件一定的情况下，距离越远的园区需要消费者投入的时间越多，而距离越近则为消费者节约了出行时间。对于消费者而言，时间成本非常高，人们宁愿把时间花费在其他方面也不愿耽搁在路上，因此消费者大多会选择距离较近的园区，进行休闲林业的消费体验。可见，距离远近对休闲林业消费影响显著。

2. 交通便利程度对休闲林业消费影响显著

北京作为全国政治中心、文化中心、国际交往中心和科技创新中心，集聚了各方优势，具有雄厚的科技实力，拥有大量的实用人才，交通网络更是四通八达。虽然北京市交通便利程度大大提升，但是仍然没有完全解决交通拥堵问题，尤其是在早晚高峰时段，及周末、节假日期间，交通压力丝毫没有得到缓解。尽管大多数休闲林业园区位于北京市郊区、偏远山区，但是仍会出现交通拥堵状况，加上消费者前往休闲林业园区所花费的时间成本也高，在同等情况下，消费者更偏向于前往距离较近且通达性较高的园区进行消费，从而放弃那些距离较远且交通拥堵情况严重的场所。可见，交通便利程度对休闲林业消费影响显著。

3. 环境质量对休闲林业消费影响显著

环境质量始终是消费者衡量休闲林业发展水平的一个重要因素。随着北京市城镇化发展速度的加快，城市生活节奏的加快，城市发展在为北京市居民创造良好生活、工作环境的同时，也造成了一定的生态破坏，如汽车尾气排放、雾霾、城市热岛效应等，严重影响着北京市居民的生活，居民越来越渴望蔚蓝的天空、新鲜的空气、优美的环境。另一方面，伴随城乡居民生活水平的提升，闲暇时间的增多，人们越来越注重精神层面的满足，对休闲娱乐的消费支出逐渐增多，人们更有能力也更有时间进行消费，与此同时，对前往消费场所的要求也在不断提升，尤其是消费场所的环境质量情况。环境质量越高越能吸引消费者前往，环境质量越差越能牵绊消费者的步伐。可见，环境质量对休闲林业消费影响显著。

4. 门票价格对休闲林业消费影响显著

休闲林业园区门票价格的高低在一定程度上会直接影响消费者的决策行为，门票价格越高消费者前往休闲林业园区的概率越小，门票价格越低消费者前往的可能性越大。消费者作为理性经济人，通常会倾向于以最小的成本获取最大的收益。随着休闲林业园区的不断增多，消费者可以选择的范围扩大，在休闲林业园区环境质量、设施完善程度且提供服务大致相同的情况下，消费者更倾向于前往价格低廉的休闲林业园区进行消费，而价格偏高的园区相对会让消费者难以接受或更改出行计划。可见，门票价格对休闲林业消费影响显著。

6.3　本章小结

1. 交通便利和环境质量为影响休闲林业消费行为最显著的因素

利用分值法将重要程度进行赋值，根据消费者对影响因素的重要性程度的频数结果计算，得出环境质量、活动项目、园区游客量及交通便利为影响消费者消费行为的显著因素；运用主成分分析方法，得出距离远近、交通便利、环境质量及门票价格为影响北京市居民休闲林业消费行为的最显著因素。综合以上两种方法得出影响北京市居民休闲林业消费行为最显著的因素。

2. 基础设施及服务水平等对休闲林业消费行为有一定影响

　　基础设施、休闲观光配套设施、安全卫生设施、服务水平、园区特色及园区知名度等因素对北京市居民休闲林业消费行为的显著性程度不高。虽然以上变量对北京市居民休闲林业消费行为具有一定的影响，但是影响程度不太明显，因此不作为影响北京市居民休闲林业消费行为的显著性因素。

第7章　基于 ASEB 方法的
北京市休闲林业消费者
满意度分析

满意度是顾客满足情况的反馈，它是对产品或者服务性能，以及产品或者服务本身的评价。游客满意度是由游客到达目的地前的期望和实际感受比较后决定的，是一种心理体验。本章基于问卷调查，对比游客期望度与满意度间的差异，并运用 ASEB 栅格分析法对北京休闲林业的活动、环境、体验、收益等方面的优劣势进行分析，以促进休闲林业深度开发。

7.1　ASEB 栅格分析法

ASEB 分析法是以消费者需求为导向的一种市场分析方法。ASEB 分析法是结合曼宁（Manning，Hass，Driver，Brown）等人提出的休闲需求层次分析法形成的。第一层次为特定"活动"需求，如野营、丛林探险、烧烤等；第二个层次是指进行特定"活动"所需的特定"环境"，包括自然环境（如新鲜空气、风光等）、社会环境（如原生态地域风貌、放松心情的环境等）和人文环境（如传统文化、民风等）；第三个层次是指参加活动的"体验"，如特色产品的体验等；第四个层次大多数情况是指收益，即在体验中获得的"利益"，通常包括社会经济利益和个人利益等，如放松心灵、增长知识、增进感情等。

ASEB 矩阵从 16 个维度进行 ASEB 的分析得出的矩阵结论，

从而找出哪些因素会影响消费者的满意度，为休闲林业的发展提供帮助。

7.2　体验前的期望度与体验后的满意度分析

表 7-1　消费者期望度与满意度统计表

项目指标		体验前期望度		体验后满意度	
		均值	标准差	均值	标准差
活动方面	1 观光游览类活动	3.96	0.95	4.02	0.93
	2 历史人文类活动	3.52	0.81	3.48	0.85
	3 音乐摄影类活动	3.86	0.75	3.30	1.23
	4 休闲采摘类活动	4.03	0.92	3.95	0.92
	5 亲子家庭教育体验类活动	4.08	0.84	3.26	0.87
	平均值	3.89		3.60	
环境方面	1 自然环境	4.18	0.95	4.23	0.79
	2 人文环境	3.52	1.16	3.44	0.94
	3 服务设施的完善性	4.04	0.96	3.75	1.08
	4 交通便利情况	4.29	0.98	4.31	0.84
	5 园区容量（人流量合适，不拥挤）	3.95	0.85	3.58	0.94
	6 管理服务与卫生环境	4.16	1.15	3.28	0.77
	7 食宿条件	3.42	0.88	3.40	0.83
	平均值	3.94		3.71	
体验方面	1 活动的参与程度	3.96	0.91	3.21	0.83
	2 活动的丰富程度	4.21	0.83	3.54	1.07
	3 科普教育类的体验程度	3.88	0.78	3.31	0.84
	4 园区及当地居民的友好程度	3.92	0.76	3.86	0.96

（续）

项目指标		体验前期望度		体验后满意度	
		均值	标准差	均值	标准差
	5 林家住宿或家庭旅馆体验	4.03	1.03	3.85	1.42
	6 特色菜肴体验	3.55	0.74	3.28	0.86
	平均值	3.93		3.51	
收益方面	1 享受独特的森林文化	3.60	0.86	3.52	0.89
	2 放松心灵，获得宁静	4.38	0.97	4.13	0.91
	3 体力与精力得到恢复	4.12	0.93	4.08	0.72
	4 增长见识，学习知识	3.80	0.79	3.78	0.85
	5 增进亲情友情	4.06	0.83	3.98	0.79
	6 获得自我认知，实现自我价值	3.76	0.92	3.67	0.75
	平均值	3.95		3.94	
	总平均值	3.93		3.68	

数据来源：实地调研。

7.2.1 活动、环境、体验、收益总体分析

通过表 7-1 可知，在 24 项指标中放松心灵、获得宁静、交通便利情况和活动的丰富程度成为消费者前往休闲林业园区前最期待的三项，很明显这三项也是休闲林业吸引消费者前往的重要因素。满意度前三项的指标分别是：交通便利情况、自然环境、放松心灵获得宁静，其中交通便利情况和放松心灵获得宁静这两项与期望相符，这也说明了北京休闲林业园区地理位置的优越性。表明休闲林业园区选址规划的合理性与北京市交通的便利性能够得到消费者的认同。

满意度中最不满意的三项是活动的参与程度、亲子家庭教育体验类活动、管理服务及卫生环境，这与调研中部分消费者认为休闲林业园区休闲体验项目单一，亲子家庭体验类活动缺乏相一致。调

研中也发现休闲林业园区以家庭为单位前往的居多，以搭帐篷、野餐为主，这些休闲方式也使园区的卫生情况受到影响，这些方面均为今后在休闲林业发展中可以着力改进的方面。从消费者期望度与满意度比对看，满意度高于预期水平的指标仅有 3 个，分别是观光游览类活动、自然环境和交通便利情况。观光游览类活动多指踏青、赏红叶等基于自然景观的欣赏类活动，所以它与自然环境可以归为一类，说明休闲林业的自然环境非常好，基本得到了消费者的认可；另外交通便利情况高于预期，说明休闲林业园区交通状况良好，到达园区较为便利，这与之前描述性统计分析的结果一致，这也成为吸引消费者前往休闲林业园区游玩的重要因素。表 7-1 数据分析得出期望度总均值达到 3.93，而满意度为 3.68。说明消费者前往休闲林业园区的期望程度与满意程度存在一定差异。活动、环境、体验各方面的期望度均值与满意度均值相差较大，说明消费者满意度在这三方面受到了影响。

7.2.2 活动、环境、体验、收益具体分析

从表 7-1 数据可知，环境方面的人文环境和管理服务与卫生环境两项体验前期望值标准差均超过 1，这表明消费者对这两项认同的期望程度存在较大波动，多数消费者前往休闲林业园区更多是放松，学习的意愿不强，对人文环境的理解较为狭隘，管理服务与卫生环境受园区容量的影响，所以对休闲林业园区的期望程度认同有所区别，这为改善休闲林业的经营状况提供了重要启示。

满意度中音乐摄影类活动、服务设施的完善性、活动的丰富程度、林家住宿或家庭旅馆体验的标准差分别是 1.23、1.08、1.07、1.42，这四项指标消费者满意度的波动比较大，说明消费者对这几方面比较关注。

从单项具体指标看，活动方面的休闲采摘类活动、亲子家庭体验类活动；环境方面的服务设施的完善性、管理服务与卫生环

境；体验方面的活动的丰富程度、林家住宿或家庭旅馆体验；收益方面的增进亲情友情。这 7 个指标满意度明显低于期望，说明休闲林业的多数休闲活动、环境、体验方面均未达到消费者的预期，表明休闲林业发展在许多方面还存在不足，需要改进与完善。

7.2.3 活动、环境、体验、收益满意度与个人特征的交叉分析

本研究对活动、环境、体验、收益满意度与个人特征进行交叉分析，其中将活动、环境、体验、收益四方面的满意程度设置为每个方面对应的多项指标的满意度平均值。并且假设平均值超过 3 分为满意，平均值低于 3 分为不满意。以下针对五项个人特征分别列出了对应的频数交叉分析表。

表7-2　消费者活动、环境、体验、收益满意度与性别交叉表

		性别	
		男	女
活动	满意	111	122
	不满意	47	57
环境	满意	93	101
	不满意	64	78
体验	满意	87	97
	不满意	73	82
收益	满意	102	117
	不满意	55	62

数据来源：实地调研。

从表 7-2 中可以看出，男性与女性在活动、环境、体验、收益的满意与不满意的比例均衡。说明性别差异对北京市休闲林业消费者满意度影响不大。

表 7-3　消费者活动、环境、体验、收益满意度与年龄交叉表

		年龄					
		14 岁以下	15～29 岁	30～39 岁	40～49 岁	50～65 岁	65 岁以上
活动	满意	22	35	33	44	22	12
	不满意	13	47	62	32	10	4
环境	满意	29	60	68	36	29	9
	不满意	6	22	27	40	3	7
体验	满意	19	36	30	47	25	10
	不满意	16	46	65	29	7	6
收益	满意	27	58	60	49	28	16
	不满意	8	24	35	27	4	0

数据来源：实地调研。

从表 7-3 中可以看出，15～29 岁和 30～39 岁的消费者在活动和体验方面不满意的人数较多，说明他们对北京市休闲林业的活动和体验满意度很低；40～49 岁的消费者在环境方面不满意人数略多，说明他们对环境满意度较低。

表 7- 4　消费者活动、环境、体验、收益满意度与职业交叉表

		职业					
		政府及事业单位人员	企业人员	自由职业者	学生	离退休	其他
活动	满意	37	70	30	62	12	12
	不满意	16	49	12	27	4	5
环境	满意	32	65	28	58	11	11
	不满意	21	54	14	31	5	6
体验	满意	40	57	31	56	10	13
	不满意	13	62	11	33	6	4
收益	满意	36	69	26	60	12	12
	不满意	17	50	16	29	4	5

数据来源：实地调研。

从表 7-4 中可以看出，企业人员在体验方面不满意人数多于满意人数，其他职业人群在活动、环境、体验、收益上满意均大于不满意人数，说明企业人员对体验的要求较高，在北京市休闲林业体验上满意度较低。

表 7-5　消费者活动、环境、体验、收益满意度与受教育程度交叉表

		受教育程度				
		初中及以下	高中/中专	大专	本科	研究生及以上
活动	满意	16	22	34	51	30
	不满意	7	16	38	65	57
环境	满意	19	23	45	74	67
	不满意	4	15	27	42	20
体验	满意	12	20	32	53	28
	不满意	11	18	40	63	59
收益	满意	17	19	46	74	62
	不满意	6	19	26	42	25

数据来源：实地调研。

从表 7-5 中可以看出，大专学历的消费者在活动方面不满意人数略高于满意人数，本科和研究生及以上在活动、体验上的不满意人数所占比例较大，说明受教育程度越高的人群对活动体验的要求越高。

表 7-6　消费者活动、环境、体验、收益满意度与家庭人均月收入交叉表

		家庭人均月收入				
		1 500 元及以下	1 501～3 000 元	3001～5 000 元	5 001～8 000 元	8 001 元以上
活动	满意	20	40	64	38	27
	不满意	8	25	34	38	42
环境	满意	18	37	60	40	30
	不满意	10	28	38	36	39
体验	满意	19	39	57	43	32
	不满意	9	26	41	33	37

（续）

		家庭人均月收入				
		1 500 元及以下	1 501~3 000 元	3001~5 000 元	5 001~8 000 元	8 001 元以上
收益	满意	21	43	59	32	40
	不满意	7	22	39	44	29

数据来源：实地调研。

从表 7-6 中数据来看，收入在 8 001 元以上的消费者在活动、环境、体验方面不满意人数略高于满意人数，其他收入的消费者对活动、环境、体验、收益的满意比例较高，说明高收入人群对休闲的要求较高。

7.3　基于 ASEB 要素的消费者体验具体分析

通过描述性统计分析和消费者期望与满意度的简单比较分析，对消费者的基本信息和消费者的休闲行为与动机有了一定了解。以下将从四个层面进行 16 个维度的具体分析，找出影响消费者满意度的原因。

7.3.1　优势

1. 活动优势（SA）

北京市旅游产业发达。据统计，2017 年，北京市旅游业总收入多达 5 000 亿元，比上年增长 8.9%；接待游客总人数 29 746 万人次，比上年增长 4.3%。发达的旅游业带动了北京市休闲林业的发展，森林资源丰富的优势进一步为北京市开展休闲活动提供了便利条件。

丰富的森林休闲活动与政府的支持也是密不可分的。近年来，北京市园林绿化局在各大森林公园开展了丰富多彩的森林文化和节庆活动。如八达岭森林公园的"红叶·古长城"生态文化节，是比较典型的休闲林业观光游览类活动，该休闲林业园区地理位置独特、气候条件适宜，成为北京市消费者选择观光游览类活动的首选之处。西山林场和西山国家森林公园开展的历史人文类活动"不忘初心继续前进——纪念长征胜利 80 周年"为主题的百姓森林合唱大赛，使北京市消费者在森林体验中感受与学习森林文化。喇叭沟原始森林公园开展的音乐摄影类活动，如摄影大赛、音乐节等受到消费者的欢迎。永定河休闲森林公园的重阳节敬老爱老游园会和白虎涧森林公园的亲子家庭教育体验类活动都各具特色。通过举办各种活动，使之影响不断扩大，能够有力宣传北京市森林休闲旅游，吸引消费者前来。

从前面的数据统计中也可以看出，在活动方面，北京市消费者满意度最高的为观光游览类活动，说明北京市休闲林业观光游览类活动优势较为明显。

2. 环境优势（SS）

北京市经济发达，区位客源基础好。截至 2017 年年末，北京市常住人口 2 170.7 万人，常住人口密度为每平方公里 1 323 人。2017 年北京 GDP 达到 28 000.4 亿元，比上年增长 6.7%。全市居民人均可支配收入 57 230 元，比上年增长 8.9%。休闲发展的根本动力来自于 GDP 的增长，常住人口数量和居民收入水平的高低对休闲林业市场客源具有一定的影响。据调查统计，消费者前往休闲林业园区休闲的情况已较为普遍，2/3 以上的城市家庭每年都会前往休闲林业园区休闲旅游。

北京不仅拥有丰富的森林资源和景观环境，交通网络也四通八达。北京拥有 16 个国家级森林公园，2016 年森林覆盖率达到 43.77%，比上年提高 7.93 个百分点。2017 年年末北京轨道交通运营线路 22 条，比上年末增加 3 条。公交、轻轨、地铁等交通工具日臻完善。这些条件都为休闲林业园区的交通环境提供了便利性。

上述分析已表明，消费者体验满意度中自然环境排名靠前。其次，交通环境也超过了消费者的预期，说明自然环境和交通环境优势是北京市休闲林业消费者体验满意的重要原因。

3. 体验优势（SE）

北京市区位独特，休闲体验需求旺盛。体验是指能够满足消费者的个性化需求，从消费者出发，以服务为主的一种内在感知体验。北京市休闲林业给消费者提供了一个体验多种不同类型休闲产品的平台，如西山森林公园举办的森林科普夏令营和森林疗养理念宣传活动，妙峰山森林公园大型玫瑰观光节和樱桃观光采摘活动，白虎涧森林公园举办的钓鱼、寻宝美食比赛等。

北京市休闲林业提供的各类活动为消费者带来了不同的体验，使消费者在物质和精神层面都能得到体验，满足了消费者的体验需求。

4. 收益优势（SB）

休闲是物质和精神相结合，是人的一种精神态度和存在状态的变化。这种新的生活方式不只给我们带来物质上的满足，同时更使人认识到家庭、爱情、亲情、友情对生活的重要性。

结合前述分析，消费者休闲期望中放松心灵获得宁静，体力与精力得到恢复以及增进亲情友情都得到了很高的期望，说明消费者对休闲体验提出了更高的要求，也反映出休闲不仅能促进经济发展，更能带动消费者的认知体验。

7.3.2　劣势

1. 活动的劣势（WA）

关联性差、创意不足是北京市休闲林业活动较为突出的问题。旅游经济是注意力经济，也称为"眼球经济"，宣传营销至关重要。互联网时代信息资源过剩，而相对于过剩的信息，只有一种资源是稀缺的，那就是人们的注意力。

目前观光游览类活动仍是北京市休闲林业的主要活动，此活动多以赏红叶为主。其他活动相对匮乏，活动之间缺乏关联，表现形式过于单一。数据显示，休闲采摘与亲子家庭教育体验类活动期望很高，但体验满意度较低。造成这种现象的原因有两种：一是此活动在休闲林业休闲活动中的内容开发不够，对消费者没有造成很强吸引力；二是由于缺乏统一规划，同一区域开展的活动基本相似，再加上季节性影响，使得休闲林业活动方面存在不少问题。由于休闲林业园区经营者规划欠缺合理性，不能很好地把控活动的多样形式，降低了消费者收益。

当前，北京市休闲林业在信息传播上不均衡，未能有效利用互联网平台开展活动。只有少数北京市重点森林公园建立了网站，但仍存在发布信息滞后，时效性差等问题，使消费者对活动的关注降低。在休闲林业活动上多数以观光为主，对历史人文类活动出现期望与满意度均低的现象。

2. 环境劣势（WS）

北京市休闲林业的环境劣势主要来源于自身状况。从调研数据可以看出，消费者对园区管理服务、卫生环境和食宿环境的满意度较低，主要是因为北京市休闲林业公共服务与资源供应紧张，如卫生间量少质差，没有设置服务中心，休闲的配套设施也存在提升的空间。无法为消费者营造一个全面良好的环境，在一定程度上削弱了休闲林业市场吸引力和消费者的体验满意度。

在实地调研访谈中有消费者反映，部分园区商户存在欺客现象，肆意招揽顾客，获取暴利收入；部分休闲林业园区丧失地方区域特性，以营利为目的，开发过多娱乐消费型项目，使得地区休闲体验环境的优势丧失，这些现象都使消费者对休闲林业的环境体验受到影响。

3. 体验劣势（WE）

活动参与性不强、体验活动单一是北京市休闲林业园区体验的明显劣势。在实地调研中消费者反映，休闲林业园区活动主要以观光游览类活动为主，让消费者可以参与到活动中的项目较少，且表现形式也较为单一，例如划船、攀爬等体验项目，与其他公园活动类似，无法带给消费者更深层次的体验感受。

从以上数据看，体验前对园区及当地居民的友好程度期望较高，但是体验满意度相对较低，园区及当地居民的友好程度这一因素主要指园区的服务人员的服务体验的情况。结果表明休闲林业园区的服务人员存在专业素质较差，缺乏有关培训，未能更好地引导消费者体验等不足。这也在一定程度上反映了园区在管理方面存在的问题，如员工待遇低，缺乏专业人员，等等。

此外，北京市休闲林业经营者对休闲市场的定位不够准确，对体验类产品的重视程度不够。如科普教育体验型项目及林家住宿或家庭旅馆体验的项目还处于起步阶段，活动的单一性和相似性使得消费者不愿意在休闲林业园区项目体验上花费时间，导致休闲林业园区项目体验的劣势明显。

4. 收益的劣势（WB）

获得心灵放松与体力、精力的恢复是大多数消费者的最基本收益需求，从调研结果看，消费者在这方面的收益满意度较低。由于休闲收益更多是建立在体验后的感受上，而前面分析的休闲林业园区活动单一、产品类似、缺乏创意、参与度不强等诸多问题，都使得消费者对休闲收益的满意度不高。

7.3.3 机遇

1. 活动机遇（OA）

从调查中发现北京市休闲林业的发展面临着不小的机遇，主要表现为：首先，北京市休闲林业拥有丰富的休闲体验资源，有着开展休闲体验活动的机遇，北京市奥林匹克森林公园、西山林场、八达岭国家森林公园等多个重点公园，为北京市发展休闲林业活动提供机遇。其次，北京具有独特的城市功能定位，文化积淀深厚，如百望山森林公园、永定河森林公园等定期开展历史人文类活动，说明北京市在休闲林业文化活动上的机遇也比较明显。

2. 环境机遇（OS）

北京市休闲林业的发展势头良好，市场前景广阔。随着经济社会的快速发展和消费者需求层次的不断提高，休闲度假开始逐渐成为人们生活的必需品，消费者对自然环境、服务环境、体验环境的期望都很高，休闲林业市场环境良好。除此以外，北京市优越的区位优势，便利的交通环境也为吸引消费者前来休闲体验提供了机遇。

另外，国家和北京市相关部门陆续出台文件为休闲林业的发展提供了良好的政策保障。如《国家林业局关于大力推进森林体验和森林养生发展的通知》，提出要深化森林等自然资源供给侧改革，创新经营理念和经营方式，探索健康与林业、旅游、健身休闲相融合的新产业、新业态、新模式；国家林业局出台《关于加快推进城郊森林公园发展的指导意见》，提出要有力推进城郊森林公园建设，丰富消费者休闲体验，提高消费者身心健康等。

3. 体验机遇（OE）

随着体验经济的到来，单纯的有形产品已经无法满足消费者的需要。说明人们消费的需求已经有了一定程度的改变，不再只是停留在大家耳熟能详的活动中。然而，目前人们对于林家住宿或家庭旅馆等体验类项目的概念仍还处于探索阶段，消费者对它的期望值很高，说明它的发展空间较大，不是传统的体验，而是调动身体五官，更为立体的体验。借助强大的市场空间，打造更为丰富和多样的体验项目，有助于增加体验的强度，满足消费者不同类型的体验需求，为消费者体验带来机遇。

休闲林业是未来休闲时代北京市重要的业态，调查中绝大多数消费者对休闲体验项目充满期待，北京市休闲林业经营者应该深度挖掘潜在的体验资源，为消费者提供更为全面的体验，以此来满足消费者的体验需求。

4. 利益机遇（OB）

休闲并不意味着大规模的消费，而是注重人与自然的协调。在周末或节假日，去近郊游玩与休闲，享受健康生活，呼吸新鲜空气，感知森林文化，体验林间乐趣，在休闲娱乐之余，使体力与精力得到恢复，已经成为北京市居民的健康消费需求。因此，北京休闲林业发展可迎合消费者的健康消费需求，使消费者休闲需要逐步增强。

消费者在休闲林业园区的活动体验，扩大了消费者的收益。调查显示，消费者个人特征不同，他们对休闲收益的感知程度也各不同，满足消费者个性化需要，增加体验的升级，是消费者获得更大收益的机遇。如文化水平在一定程度影响消费者的收益体验，根据不同的学历背景和年龄层次设计属于他们的不同类型的体验产品，对消费者获得收益大有益处。

7.3.4 威胁

1. 活动威胁（TA）

北京市休闲林业活动是依托林业资源而产生的一种休闲活动，具有季节性特征，受季节影响较大，分淡旺季之别，消费者的周期性波动也比较大。调研发现，若在工作日去休闲林业园区时，有很多活动项目都不开放，消费者前往的体验只是锻炼与放松为主，感受不到更为丰富的活动体验。园区在淡旺季经营上有所区分，有利于节约成本，便于管理，但却难以满足小部分消费者的活动需求，这也是休闲林业园区经营的问题之一。

在调查中也发现，多数消费者反映活动的单一、参与度不强、内容雷同等问题，这也对休闲林业的体验活动造成一定不利影响。另外北京市有些休闲林业园区的级别较低，规模经营较小，很难与市民公园或广场区别开。加之目前已开发的市场出现饱和，吸引消费者再次前往的机会较小，也影响到消费者的重游意愿。

2. 环境威胁（TS）

北京市休闲林业的环境有待改善、人文环境尚需优化。旅游业的发展需要以文化作为支撑，文化是旅游的灵魂。休闲林业是林业与休闲旅游业相融合的产物，人文环境是园区发展的软实力，园区内应该体现更多文化价值、开发有特色的历史人文类体验活动。

调查发现，目前的休闲林业园区由于经营理念的偏差，只注重经济收益，休闲设施的配套、休闲场所的管理服务及卫生等方面的投入严重不足，在休闲的大环境上还存在不少缺陷。虽然北京市在这几年的建设中，休闲林业的服务环境已经有了一定的改善，但设施管理服务仍旧停留在较低层次上，项目低端，缺乏一些高品质和人性化的服务环境。

此外，北京市的旅游资源丰富，像故宫、长城、颐和园等著名的景点，无论是在知名度还是资源级别上都处于优势，在很大程度上分散了休闲林业的客源群体。

3. 体验威胁（TE）

从相关统计数据上可以看出，休闲林业消费者包含公务员、事业单位人员、离退休人员、学生、企业工作人员等多种职业身份，休闲的目的也有放松心情、缓解都市压力、体验林间文化、怀旧、感受学习知识等。不同职业、不同文化程度的消费者对休闲需求呈现多元化的趋势。单纯的观光游览类活动已不具备吸引力，在优美的自然环境之中，能够体验各种丰富多彩的娱乐休闲活动，收获到与都市生活不同的体验才是消费者前往休闲林业园区的主要动机。

当前北京部分休闲林业园区的项目开发滞后于消费者的需求、休闲产品有效供给不足，难以很好地符合消费者的期望。因此，未来发展应深入挖掘消费者的满意度体验，区分产品相似性，从而解决休闲林业的体验威胁。

4. 利益威胁（TB）

休闲林业产品的优势在于能够给消费者提供多层次、多样化的休闲体验，由于在休闲林业活动、体验中缺乏娱乐性、参与性、知识性，很难让大家在满足基本的心理需要、放松娱乐的同时带来更深层次的收益体验，这也是休闲产业较为共性的问题，值得深入探究。

当地居民或服务人员的服务水平、服务态度等，都会对休闲林业园区的消费者产生影响，若休闲林业园区服务质量不好，必将使消费者的休闲收益受到威胁。所以北京市休闲林业相关部门必须引起重视，加强管理，努力提高园区的服务水平，改善生态环境，从根本上解决休闲林业的收益威胁。

7.4 北京市休闲林业 ASEB 栅格分析矩阵

表 7-7 ASEB 栅格分析表

	活动	环境	体验	收益
优势	旅游产业发达	区位客源基础好	放松体验	身心得到放松
	森林公园众多	森林资源丰富	休闲娱乐体验	体力精力得到恢复
	区域和地形优越	自然环境优美	森林文化体验	增进亲情友情
	观光游览类活动优势明显	交通便利	不同层次体验	
劣势	关联性不强、创意不足	园区管理服务落后	参与性不强	游客的综合收益较低
	内容开发不足	卫生环境较差	体验活动单一	收益覆盖面不高
	宣传力度不够	个别存在欺客行为	服务人员服务水平低	
			经营者对体验不够重视	

（续）

	活动	环境	体验	收益
机遇	体验类活动	服务、体验环境期望高	强化产品的参与性和体验性	扩大收益需求
	文化类活动	政府大力支持	开发潜在体验项目	细分市场、提供多类型产品
挑战	产品市场同质化严重	人文环境缺乏	体验类项目开发难度大	游客对收益的心理预期高
		地方性特征缺失	游客休闲需求层次高	差异性市场营销成本较高
		市场低水平竞争		

7.5　本章小结

1. 消费者满意度与期望度存在一定差异

调查显示，休闲林业消费者的满意度与期望度存在一定的差异性。期望度最高的三项分别是放松心灵获得宁静、交通便利情况、活动的丰富程度，很明显这三项是休闲林业吸引消费者前往的重要因素。满意度最高的三项分别是交通的便利程度、自然环境、放松心灵获得宁静。其中活动的丰富程度体验后满意度较低，说明休闲林业在活动体验方面有所欠缺。期望度与满意度比较看，满意度高于期望度的指标仅有 3 个，分别是观光游览类活动、自然环境和交通便利情况。结合期望与满意度看，说明休闲林业的自然环境条件较好，基本得到了消费者的认可。

满意度调查中最不满意的三项分别是活动的参与程度、亲子家庭教育体验类活动、管理服务及卫生环境。同时音乐摄影类活动、服务设施的完善性、活动的丰富程度、林家住宿或家庭旅馆体验四项指标消费者满意度的波动较大，说明消费者对这几个因素较为关注，同样要引起足够重视。

2. 北京休闲林业 ASEB 栅格分析小结

（1）活动方面。观光游览类活动在消费者体验满意度中最高，说明北京市休闲林业在观光类活动具有较大优势。其次北京历史文化积淀深厚，在休闲林业历史人文类活动上的机遇较为明显。

但活动方面消费者满意度普遍较低。影响消费者活动满意度的原因主要有三方面：一是北京市休闲林业活动除观光类活动外，其他活动相对匮乏，关联性差、创意不足，市场较为饱和，吸引力小；二是基于网络平台的宣传力度不够，部分休闲林业园区知名度较低，消费者关注较少；三是活动具有季节性特征，受季节影响较大，分淡旺季之别，消费者的周期性波动也比较大。

（2）环境方面。交通环境在消费者环境满意度中最高，期望与满意度相比，超出了消费者的预期水平，原因是北京市经济发达、交通便利，而且随着近几年私家车数量的增长，区位客源基础好，成为消费者休闲的重要社会环境优势。

除了自然环境与交通环境外，其他环境消费者满意度略低。影响消费者环境满意度的原因主要归结为几点：第一，北京市休闲林业的环境劣势主要来源于自身经营状况，部分休闲林业园区丧失地方区域性优势，经营者为追逐短期利益，肆意招揽消费者，对休闲林业的休闲环境产生了负面影响；第二，设施管理服务仍停留在较低水平，项目低端，缺乏一些高品质和人性化的服务环境；第三，园区的卫生环境较差，资源的有效性利用低，使得北京市休闲林业的整体环境受到影响。

（3）体验方面。北京市休闲林业消费者体验的整体满意度偏低。在对比期望与满意度中发现，活动的丰富程度和林家住宿或家庭旅馆体验期望最高，这表明由于北京市独特的区位优势和较好的经济社会发展水平，消费者休闲体验需求旺盛。单纯的观光游览类活动已不具备吸引力，感受到与大都市生活不同的体验才应是消费者前往休闲林业园区的主要动机，所以林家住宿或家庭旅馆体验发展空间较大。

造成北京市休闲林业消费者整体体验满意度低的原因是：其一，活动的参与性不强，表现方式和体验内容相对单一，消费者无法真正地参与其中，缺乏互动；其二，部分休闲林业园区的服务人员素质偏低，专业性差，相关从业人员缺少有关培训，未能更好地引导消费者体验，从而降低了消费者的体验满意度；其三，休闲林业项目的开发滞后，产品供给不足，使消费者体验兴趣丧失，从而影响满意度。

（4）收益方面。放松心灵获得宁静，体力与精力得到恢复在收益满意度中最高。由于消费者需求的差异性，消费者收益感知程度也不同。影响消费者收益满意度的原因有以下方面：首先，消费者的收益满意度更多建立在体验满意度之上，在体验中分析的休闲林业园区活动单一、产品类似、缺乏创意、参与度不强等诸多问题使得消费者对休闲需求标准降低，消费者收益满意度受损。其次，消费者受休闲林业园区活动项目的影响，对休闲体验后的感受较为肤浅，没有留下深刻印象，收益覆盖面较低。最后，不利的客观环境会在一定程度上对消费者休闲体验收益产生负面影响。具体可包括两个方面：一是个别园区卫生环境较差；二是有的园区过度开发会造成生态环境破坏。

第8章　北京市休闲林业消费者
满意度影响因素分析

北京市休闲林业消费者满意度在活动、环境、体验、收益各个方面均受影响，且彼此相互关联。本章基于前述研究内容对各个影响因素进行进一步分析，研究各因素与消费者满意度的相关程度。

8.1　信度分析

在分析消费者满意度影响因素之前，需要对消费者的期望和满意度先进行信度分析。信度分析通过计算数据的一致性程度来证实研究所用的问卷数据是否可靠。数据测量得出的结果一致性越高，数据可信度越高；相反，如果数据测量的一致性程度越低，则说明数据的可信度越低。

本次分析采用科隆巴赫系数来对消费者体验期望与满意度进行信度分析，当科隆巴赫系数越接近于1，可以认为所采用的数据量表的可信度越高；一般如果所测量的数据量表的科隆巴赫系数（Cronbach's Alpha）在 0.8～0.9 时，则可以认为是相当好的信度，当科隆巴赫系数（Cronbach's Alpha）在 0.7～0.8 时即为较好，0.6～0.7 为可接受的信度。

利用 SPSS 分析软件对消费者体验期望和消费者满意度的量表数据进行信度分析，结果见表 8-1。

表 8-1 消费者体验期望和消费者满意度信度系数表

量表	科隆巴赫系数 Cronbach's Alpha
消费者体验期望	0.93
消费者满意度	0.95

从表 8-1 可以看出，所测的消费者体验期望和消费者满意度的量表数据的科隆巴赫系数（Cronbach's Alpha）均在 0.9 以上，说明所测得的消费者体验期望和消费者满意度的量表数据内在信度很高。可以进行下一步分析。

8.2 因子分析

因子分析指的是通过分析多元变量的相关性，对其进行降维，生成反映多元变量的少数共同因子。一般认为这些共同因子可以基本描述原始多元变量的数据信息。与主成分分析不同，主成分分析是用原有的多元变量的线性变换，而因子分析是将多元变量描述为隐含公共变量和随机变量，通过隐含变量和随机变量共同描述原始变量的数据结构。

假设原始多元变量共有 n 个，因子分析用 m 个变量将其描述出来，如下式：

$$X_i = a_{i0} + a_{i1}Z_1 + \cdots + a_{im}Z_m + \varepsilon_i (1 \leqslant i \leqslant n, \ m \leqslant n)$$

其中，Z_1，$\cdots$，Z_m 为公共因子，共有 m 个。针对每一个变量，有其对应的随机因子 ε_i。公共因子的系数称为因子载荷，描述了每一个变量与每一个公共变量的相关性。

8.2.1 KMO 检验和巴特利（Bartlett）球体检验

在对北京市休闲林业消费者影响因素进行因子分析之前，必须进行 KMO 检验和巴特利（Bartlett）球体检验，KMO 检验是来衡量所测量的影响因素间的相关性。对 KMO 检验时，KMO 的度量值一般为 0~1 之间，KMO 的度量值越接近 1，说明所测量的样本变量相关性越强，越适合做因子分析。巴特利（Bartlett）球体检验，则是看显著性值 Sig，如果 Sig 小于 0.05，则认为所测量的样本间具有相关性，说明分析结果有效。

8.2.2　具体分析

本次因子分析共进行了两次，在第一次分析中由于人文环境、食宿条件、特色菜肴体验以及享受独特的森林文化四个项目的因素荷载小于 0.5，进行了剔除。第二次因子分析是针对剩下的 20 个项目进行的。

在对 20 个北京市休闲林业消费者影响因素进行因子分析之前，需要对其样本数据进行 KMO 检验和 Bartlett 检验，结果如表 8-2 所示。可以看出表中 KMO 度量值为 0.893＞0.7，适合做因子分析。显著性 Sig 值为 0.000＜0.01，说明各个变量之间的相关性较强，能够提取有效的公因子。

表 8-2　KMO 检验和 Bartlett 检验结果

Kaiser-Meyer-Olkin Measure of Sampling Adequacy.		0.893
Bartlett's Test of Sphericity	Approx. Chi-Square	1 317.584
	df	190
	Sig	0.000

在对北京市消费者休闲林业影响因素的因子分析中，从中提取出 4 个有效因子，这 4 个有效因子通过旋转，得到其累计方差贡献率为 74.369%（表 8-3）。从累计方差贡献率可见，因子分析萃取效果较好。

表 8-3　总方差分解表

因子编号	特征根			旋转前方差解释率			旋转后方差解释率		
	特征根	方差解释率（%）	累积（%）	特征根	方差解释率（%）	累积（%）	特征根	方差解释率（%）	累积（%）
1	9.687	48.433	48.433	9.687	48.433	48.433	5.296	26.478	26.478
2	2.526	12.629	61.063	2.526	12.629	61.063	4.145	20.726	47.204
3	1.446	7.229	68.291	1.446	7.229	68.291	3.79	18.949	66.153
4	1.216	6.078	74.369	1.216	6.078	74.369	1.643	8.217	74.369
5	0.731	3.654	78.023	—	—	—	—	—	—
6	0.621	3.103	81.126	—	—	—	—	—	—
7	0.562	2.809	83.935	—	—	—	—	—	—
8	0.481	2.403	86.338	—	—	—	—	—	—
9	0.44	2.199	88.537	—	—	—	—	—	—
10	0.39	1.948	90.485	—	—	—	—	—	—
11	0.312	1.558	92.043	—	—	—	—	—	—
12	0.263	1.314	93.357	—	—	—	—	—	—
13	0.248	1.239	94.596	—	—	—	—	—	—
14	0.227	1.134	95.73	—	—	—	—	—	—
15	0.205	1.023	96.754	—	—	—	—	—	—
16	0.19	0.948	97.701	—	—	—	—	—	—
17	0.139	0.696	98.397	—	—	—	—	—	—
18	0.125	0.625	99.022	—	—	—	—	—	—
19	0.11	0.551	99.574	—	—	—	—	—	—
20	0.085	0.426	100	—	—	—	—	—	—

　　由图 8-3 数据显示，4 个因子特征根＞1，说明能较好解释这 20 个变量。

　　表 8-4 是旋转后的北京市休闲林业消费者满意度影响因素的重要性载荷表，提取的有效因子的载荷系数＞0.5，可以看出各成分中的指标相关性极强。因此对其命名如下：

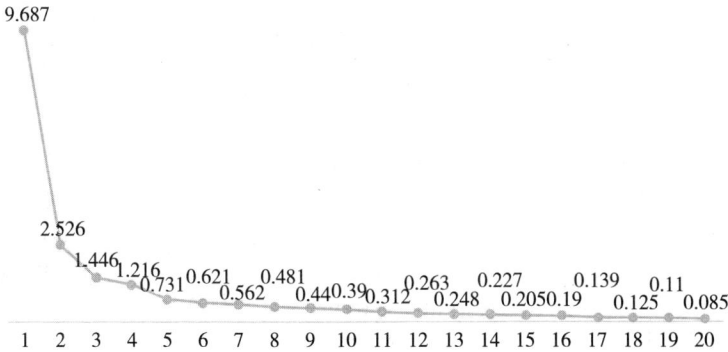

图 8-1　碎石图

因子 1：活动体验因子。其中有 8 个因素，按因素载荷的高低依次为：休闲采摘类活动、亲子家庭教育体验类活动、音乐摄影类活动、林家住宿或家庭旅馆体验、历史人文类活动、科普教育类的体验程度、活动的丰富程度、活动的参与程度。

因子 2：环境体验因子。其中有 5 个因素，按因素载荷的高低依次为：交通便利情况、管理服务与卫生环境、服务设施的完善性、观光游览类活动、自然环境。消费者在休闲林业园区既考虑外在的自然环境因素，包括观光游览类活动，观光游览类活动多为欣赏自然风光，如踏青、赏红叶类活动，同时更加在意内在环境因素，如交通的便利情况、园区管理服务与卫生环境情况以及园区服务设施是否完善等。

因子 3：情感体验因子。其中有 5 个因素，按因素载荷的高低依次为：放松心灵获得宁静、体力与精力得到恢复、增进亲情友情、增长见识学习知识、获得自我认知实现自我价值。这几个因素均从消费者心理情感出发，使得消费者在休闲林业园区能够得到心理满足感。

因子 4：服务体验因子。其中有 2 个因素，按因素载荷的高低依次为：园区容量、园区及当地居民的友好程度。

表 8-4　旋转后因子载荷系数汇总

名称	因子载荷系数				共同度
	因子 1	因子 2	因子 3	因子 4	
活动的丰富程度	0.589	0.498	0.17	0.104	0.635
历史人文类活动	0.753	0.271	0.184	0.184	0.708
林家住宿或家庭旅馆体验	0.793	0.277	0.134	0.204	0.766
音乐摄影类活动	0.835	0.258	0.111	−0.102	0.787
休闲采摘类活动	0.844	−0.004	0.082	0.28	0.798
亲子家庭教育体验类活动	0.838	0.167	0.217	0.145	0.798
活动的参与程度	0.576	0.384	0.355	0.189	0.641
科普教育类的体验程度	0.689	0.239	0.386	0.167	0.708
自然环境	0.07	0.665	0.476	0.063	0.677
管理服务与卫生环境	0.139	0.776	0.361	0.171	0.782
交通便利情况	0.337	0.781	0.135	−0.079	0.748
观光游览类活动	0.411	0.675	0.072	0.14	0.65
服务设施的完善性	0.392	0.771	0.174	0.033	0.779
获得自我认知实现自我价值	−0.014	0.622	0.627	0.196	0.82
增长见识学习知识	0.224	0.434	0.742	0.086	0.797
放松心灵获得宁静	0.185	0.124	0.889	0.012	0.839
增进亲情友情	0.145	0.345	0.762	0.039	0.722
体力与精力得到恢复	0.376	0.039	0.799	0.002	0.781
园区容量（人流量合适，不拥挤）	0.155	0.014	0.06	0.891	0.821
园区及当地居民的友好程度	0.32	0.175	0.042	0.695	0.617

8.3 回归分析

通过上一节对北京市休闲林业消费者满意度影响因素进行因子分析，得出消费者满意度与这 4 个因素相关，分别为活动体验、环境体验、情感体验、服务体验。要想了解这四个因素以及消费者个人特征与北京市休闲林业消费者满意度的影响程度，需要进行回归分析。

8.3.1 二元 Logistic 回归分析法

二元 Logistic 回归主要是来分析因变量与自变量的相关关系。其中因变量一般为离散变量，即二类或多类。自变量可以为连续变量或者离散变量。Logistic 回归与一般的多元统计回归不同，它可以直接预测因变量为某一值的概率。

在研究某一事件发生的概率时，直接处理概率值通常会有问题。因为概率 p 为有界值，当 p 趋近于 0 或者趋近于 1 时，一般的新型模型无法说明 p 的变化与自变量的变化的关系。故而研究概率 p 的函数 $Q(p)$ 与自变量的关系。一般 $Q(p)$ 的表达式为：

$$Q(p) = \ln(\frac{p}{1-p})$$

当 p 值趋向于 1 的时候，Q 值趋向于正无穷，当 p 值趋向于 0 的时候，Q 值趋向于负无穷，这样就解决了线性回归模型的缺陷。当 $Q(p)$ 与自变量的关系为线性关系的时候，即

$$Q(p) = a_0 + a_1 x_1 + a_2 x_2 + a_3 x_3 + a_4 x_4 + \cdots$$

p 可以表示为

$$p = \frac{e^{a_0 + a_1 x_1 + a_2 x_2 + a_3 x_3 + a_4 x_4 + \cdots}}{1 + e^{a_0 + a_1 x_1 + a_2 x_2 + a_3 x_3 + a_4 x_4 + \cdots}}$$

对于二分类问题，如果 p 大于 0.5，则属于第二类，如果 p 小

于 0.5，则属于第一类。

Logistic 回归模型的曲线为 S 形，它的非线性特征导致在估计模型时一般使用最大似然估计法。最大似然估计不同于最小二乘法，其目的在于找到最有可能的估计。Logistic 回归与多元统计回归不同，多元统计回归在于得出因变量与自变量的数值关系，而 Logistic 回归采用二元值或者多元值作为解释变量。Logistic 回归通过计算出 Logistic 系数，带入变换当中，得出事件发生与不发生的概率比。如果事件发生的概率是 p，那么事件发生和不发生的概率比为：

$$\frac{p}{1-p} = e^{a_0 + a_1 x_1 + a_2 x_2 + a_3 x_3 + a_4 x_4 + \cdots}$$

这也被称为优势比率。Logistic 回归旨在计算出这些系数，如果某一项的系数为正，那么优势比率会增大，如果某一项的系数为负，那么优势比率会减小。

8.3.2　具体分析

本研究对北京市休闲林业消费者的满意度进行了调查，利用李克特量表分法将满意度分为五类：非常满意、满意、一般、不满意、非常不满意。在对其进行二元 Logistic 回归时，需要将满意度合并为两类，故而将非常满意和满意归为满意，将后三类归为不满意。

本研究的二元 Logistic 回归模型中，p 代表消费者满意的概率，$1-p$ 代表消费者不满意的概率。回归模型如下所示：

$$\ln(\frac{p}{1-p}) = a_0 + a_1 x_1 + a_2 x_2 + a_3 x_3 + a_4 x_4 + \cdots + a_9 x_9$$

其中，a_0 代表常量，$a_1 - a_4$ 代表因子分析所得出的四个体验因子的系数，$a_5 - a_9$ 代表个人特征，即性别、年龄、职业、受教育程度的系数。下面将数据带入 SPSS 软件中进行数据分析。

表 8-5 为初始数据的分类表，满意度的总体百分比为 70.2％。

表 8-5　初始数据分类表

观测值			预测值满意度		百分比正确（％）
			1	2	
步骤 0	满意度	1	236	0	100.0
		2	100	0	0.0
	总体百分比（％）				70.2

注：①模型中包括常量；②分界值为 0.500。

表 8-6 为未引入自变量时方程中常量的统计值。表中常数项估计值为 -0.859，估计标准差为 0.239，Wald 统计量为 Wald $=$ $(B/S.E.)^2=(-0.859/0.239)^2=12.947$，Wald 值用于检验自变量对因变量的值是否有影响，Wald 值越大，说明对应的 Sig 值越少，即显著性越强。表中显著性为 0.0，显著性较强。

Exp（B）为 B 的对数形式，其自由度为 1。

表 8-6　方程式常量统计值

		B	S.E.	Wald	自由度	显著性	Exp（B）
步骤 0	常量	-0.859	0.239	12.947	1	0.000	0.424

本研究针对北京市休闲林业消费者的满意度选取了两类影响因素，其中一类为消费者的个人特征，即性别、年龄、职业、受教育程度和收入；第二类为上节因子分析所得出的 4 种体验因子。以下将共同对这两类影响因素作回归分析。

消费者的个人特征在一定程度上会影响消费者的满意度。另外，在上节因子分析中，通过对 20 个休闲林业消费者体验因子进行因子提取得到了 4 个体验因子，分别为：活动体验因子、环境体验因子、情感体验因子和服务体验因子。

通过相对系数得出每个样本的 4 个体验因子的值，并且将满意

度作为因变量，这 4 个体验因子与先前的 5 个个人特征共 9 个因素
作为自变量，对其进行二元 Logistic 回归。

表 8-7 为 Logistic 回归中体验因子和个人特征作为单变量的分
析结果。4 个体验因子每个的自由度为 1，与因子分析碎石图倾向
类似，其中活动体验因子的显著性最强，环境体验因子和情感体验
因子的显著性也都小于 0.05，显著性较强，而服务体验因子得分
较低，显著性明显较低。对于五项个人特征而言，年龄和受教育程
度分值较高，且显著性小于 0.05。性别、职业和收入的显著性较
弱。整体来看，全局性统计检验的显著性较强，具有统计学意义。

表 8-7　方程式中没有的变量

			得分	自由度	显著性
步骤 0	变量	活动体验因子	11.574	1	0.001
		环境体验因子	7.808	1	0.005
		情感体验因子	4.943	1	0.026
		服务体验因子	1.118	1	0.290
		性别	0.043	1	0.835
		年龄	4.566	1	0.033
		职业	1.736	1	0.188
		受教育程度	5.674	1	0.017
		收入	1.290	1	0.256
	整体统计信息		38.752	9	0.000

得到模型之后，需要对模型进行全局检验。将待研究的变量带
入到模型当中，使用步长（T）、块、模型等检验方法对模型的显
著性进行检验。表 8-8 给出了卡方值及其相应的自由度，显著性为
0.05，自由度为 9 时，通过查表可知此时的卡方临界值为 16.92。
从表中可以看出，这三种检验结果数值相同，卡方值为 37.634，
远大于卡方临界值。对 4 个体验因子和 5 个个人特征进行分析，df

为 9，显著性均为 0.00，这说明模型十分显著。

表 8-8　模型系数的 Omnibus 检验

		卡方	自由度	显著性
	步长（T）	37.634	9	0.000
步骤 1	块	37.634	9	0.000
	模型	37.634	9	0.000

表 8-9 为模型汇总表，即因变量和自变量的关联强度结果，表示因变量和自变量相关性的强度。表中第一项为 -2 倍的对数似然值。由于二元 Logistic 是通过极大似然法求解，极大似然值是一个概率值。当该值越趋近于 1，说明模型拟合的越好，当趋近于 0 时，则模型表现越差。对应地，-2 倍的对数似然值越小，则极大似然值越趋近于 1，说明模型拟合效果越好。该表中两个系数为广义决定系数，与多元回归分析中的决定系数相仿，表示该方程可以解释模型的程度。虽然二者的计算方法不同，这两个决定系数的计算值不同，但是二者的差别不会很大。

表中，-2 对数似然值为 80.513，Cox & Snell R 平方值为 0.228，Nagelkerke R 平方值为 0.324，模型拟合效果较好。

表 8-9　模型摘要

步长（T）	-2 对数似然	Cox & Snell R 平方	Nagelkerke R 平方
1	80.513[a]	0.228	0.324

注：a. 估算在迭代号 5 终止，因为参数估算更改小于 0.001。

通过二元 Logistic 回归得到预测模型之后，可以将自变量带入模型中，预测出每一个样本对应的因变量的结果，并且与因变量的值进行对比。表 8-10 为最终预测的结果，可以说明该模型的预测效果。预测的准确率越高，则越能用自变量来预测因变量，也能说明模型的拟合能力越强，收集的数据代表性越强。

本次研究共有 336 位北京市休闲林业消费者参与调查，其中 236 位消费者的选择为满意。通过该模型进行预测，236 人中有 224 人预测值为满意，12 人预测值为不满意，预测正确率高达 94.9%。336 人中共有 100 人选择不满意，其中 38 人预测值为满意，62 人预测值为不满意，预测正确率稍低，正确率为 62.0%。对全局数据进行统计，可得总体的预测正确率为 85.1%。说明该模型的预测能力很强。对于不满意人群预测率较低的结果，原因可能是满意人群与不满意人群的样本数有所差异，数据拟合出的模型更能解释数量多样本的一方，对于数量较低的样本，其拟合程度有一定的折损。

表 8-10 最终预测结果分类表

观测值			预测值满意度		百分比正确（%）
			1	2	
步骤 1	满意度	1	224	12	94.9
		2	38	62	62.0
	总体百分比（%）				85.1

注：分界值为 0.500。

表 8-11 为方程式中的变量表，数据中第一列为每个变量的系数，第二列为标准差，第三列为每个因素的 Wald 统计量，第四列为自由度，第五列为显著性，表示该因素的显著性强弱，最后一列为第一列的对数值，也是 OR 值，即优势比，不同自变量对于因变量影响的比值。

从该表中可以看出活动体验因子、环境体验因子、情感体验因子的显著性都小于 0.05，这三个因素的显著性较强，故而能真实影响消费者的满意度。而服务体验因子的系数绝对值较小，对消费者满意度影响不高，这一点也可以从显著性看出。相对来看，消费者对活动体验因子的满意度要高于其余因素，环境体验也是影响消费者满意度的重要因素，而情感体验因子要弱一些，一定程度上决定了消费者的满意度。表中的系数为负，这是因为问卷中各因子的满意度从弱到强，而统计结果的满意度由强到弱。总的来看，对这三个体验因子的满意度越高，消费者的总体满意度越高。

对于个人特征来讲，年龄和受教育程度的 Wald 量较高，对应的显著性小于 0.5，显著性较强。而其他三个因素性别、职业、收入的显著性值大于 0.5，显著性较弱。故而，年龄和受教育程度两项更大程度地影响了消费者满意度，其他三者对消费者满意度的影响较小。

表 8-11 方程式中的变量

		B	S.E.	Wald	自由度	显著性	Exp（B）
步骤 1	活动体验因子	−0.949	0.24	15.635	1	0.000	0.387
	环境体验因子	−0.73	0.269	7.364	1	0.007	0.482
	情感体验因子	−0.593	0.277	4.583	1	0.032	0.553
	服务体验因子	−0.157	0.319	0.242	1	0.623	0.855
	性别	−0.145	0.721	0.040	1	0.841	0.865
	年龄	−0.714	0.575	5.138	1	0.023	0.490
	职业	0.124	0.189	0.430	1	0.512	1.132
	受教育程度	−0.633	0.326	4.573	1	0.032	0.531
	收入	0.054	0.216	0.063	1	0.803	1.055
	常量	2.429	0.277	76.895	1	0.000	11.348

注：步骤 1：活动体验因子、环境体验因子、情感体验因子、服务体验因子输入的变量。

8.4 本章小结

1. 消费者的个人特征在一定程度上影响其对休闲林业的满意度

从分析结果看，年龄和受教育程度更大程度地影响了消费者满意度，而性别、职业、收入对北京市休闲林业消费者满意度的影响较小。

2. 活动体验、环境和情感为影响消费者满意度的关键因素

（1）活动体验与北京市休闲林业消费者满意度相关。活动体验因子包含了8个影响因素，这8个影响因素中，将ASEB分析中的多数活动项目与体验的活动丰富度和活动参与度归为一类。可见足以证实之前的结论，活动与体验相互关联、相互促进。

（2）环境体验因子与北京市休闲林业消费者满意度相关。环境体验因子包含了5个影响因素，涵盖了ASEB分析中的环境方面和活动方面的观光游览，观光游览多为欣赏自然景观，因此归到环境因子，更为科学合理。可见消费者在休闲林业园区休闲既考虑外在的自然环境因素，同时也考虑内在环境因素，如交通的便利情况、园区管理服务与卫生环境情况以及园区服务设施是否完善等。

（3）情感体验因子与北京市休闲林业消费者满意度相关。情感体验因子包含了5个影响因素，5个影响因素均为ASEB分析中收益方面的内容，说明提取的情感体验因子与ASEB分析相吻合，具有代表性。情感体验因子均从消费者心理情感出发，使消费者在休闲林业园区获得休闲的精神满足感。

（4）服务体验因子与北京市休闲林业消费者满意度相关。服务体验因子包含了2个影响因素，分别是园区容量、园区及当地居民的友好程度。这两个影响因素分别为ASEB中环境与体验的因素。仔细分析可以看出，此类因子均可归类为休闲林业园区的软件设施，园区容量的多少势必会影响到当地居民的服务水平，从而使消费者服务体验的满意度受到影响。

北京市休闲林业消费者满意度影响因素中，活动体验因子、环境体验因子、情感体验因子，这三个因素的显著性较强，能够真实影响北京市休闲林业消费者的满意度。而服务体验因子对消费者满意度影响不高。相对而言，消费者对活动体验因子的满意度要高于其余影响因素,环境体验也是影响消费者满意度的重要因素,而情感体验因子相对较弱,一定程度上决定了消费者的满意度。总之,这三个体验因子的满意度越高,北京市休闲林业消费者的总体满意度就越高。

第9章 促进北京休闲林业 发展的对策建议

9.1 鼓励休闲林业多样化发展，促进产业融合

休闲林业以林业资源为依托，集休闲、养生、养老、度假、运动等诸多功能和产业于一体，体现了生态文明建设新理念、绿色经济发展新模式和林业供给侧改革新途径。在发展休闲林业时，应坚持产业融合的发展理念，发挥首都的资源优势和市场优势，通过森林康养＋医疗、养老、教育、体育、文创等新经济应用场景，促进农商文旅体产业融合，推进休闲林业高质量发展。

同时，注重森林旅游与林下经济产业间融合，通过跨界生产和经营，促进林游结合，不断拓展林业的经济、生态、文化、科普等多功能。要以林游模式为突破口，坚持产、加、销、文、游一体化原则，全市要进行统筹规划，建设森林旅游示范点，举办森林旅游系列活动，示范点的建设要注重与当地的主导产业结合、与现有景点相结合、与市场需求相结合，与林花、林菌、林药、林特等其他林下经济产业模式相结合。

目前，北京市休闲林业发展类型中以森林公园发展为主，休闲林场和林家乐为补充，森林人家及森林小镇建设较少。与发展成熟的休闲农业相比，休闲林业发展明显不足且类型欠缺多样化发展。休闲林业作为北京市林业产业发展的新方向，在未来发展过程中要借鉴休闲农业发展中的成功经验，鼓励大力发展多种形式的休闲林业园区、林家乐及森林小镇等。同时，还需整合现有园区资源优

势，结合消费者的消费需求，加大园区建设的创新力度，使之成为具有北京特色的、类型多样化发展的都市型现代林业。

9.2 充分考虑生态承载力原则，合理有序开发

在开发森林旅游模式时，要充分考虑生态承载力，做到统一规划、有序开发，强化生态文化建设和生态教育，实现资源的可持续利用和产业的可持续发展，带动整个林业经济相关产业的健康发展。

绿色观光、生态休闲是森林旅游基础价值。要按照市场导向原则，充分利用林区丰富的生物资源和良好的生态环境，融合区域内人文、历史、文化景观，开发集休闲度假、观光采摘、餐饮住宿等功能于一体的生态旅游产品。生态旅游产品结构要多元化，改变观光旅游单一产品结构的局面，使森林生态旅游活动内容多样化。旅游景区规划和产品设计要与周围环境相协调，突出地方特色和自然特色，避免对生态环境和自然资源的污染和破坏。

9.3 丰富休闲林业体验类项目，满足游客需求

具有园区特色的休闲林业产品是延长林业产业发展链条，促进林业持续健康发展，吸引大量消费者前往的有效手段。随着体验经济时代的来临，消费者已经从传统的消费需求转向更加多元化的消费需求。由于消费者的个人偏好不同、消费习惯不同、消费能力上的差异，不同消费者对休闲林业产品的需求层次不同、需求定位不同，导致不同消费者对园区产品的需求不同，这就要求休闲林业园区体验活动类型多样化。休闲林业多以中青年消费者市场为主，对休闲需求质量要求较高，乐意接受新鲜事物。因此要开发具有吸引力的产品，注重产品之间的关联性，对活动项目深度挖掘，勇于创

新，多开发不同类型的活动项目，把握好活动项目的更替性。

注重对特色项目的开发，是休闲林业发展的核心。休闲林业园区不仅需要满足人们精神体验的优美环境、独特的风景，还要开发具有园区特色的体验项目、游憩项目及科普文化教育项目，适时开展科普文化大讲堂，进行科普文化教育与宣传，开展森林舞会、森林运动会、森林音乐节、森林知识竞赛等活动，从产品形态上展现园区发展特色，吸引消费者眼球，满足不同消费者消费需求。比如，可依托森林公园，开展林家住宿体验，使游客感受森林文化、品尝森林特色餐饮、体验林家休憩；可针对儿童和青少年，开发科普乐园、儿童采摘园等教育类型的活动，开展亲子体验；或者举行定期的知识竞答比赛和制作类的活动，给孩子提供学习与交流的平台，开展教育体验。

9.4 细分休闲林业消费市场，明确市场定位

目前，北京市休闲林业的发展还处于起步阶段，不同发展类型的市场定位、目标群体差异不大，消费者前往休闲林业园区进行的活动体验往往千篇一律、缺乏创新，很难吸引消费者重游。休闲林业的发展应该做到不同休闲林业发展类型在园区定位、产品创新、经营特色及市场细分上的区别，了解不同消费者的需求，抓住消费者的消费偏好，结合消费者的个人特征，整合消费者的共同需求，剔除潜在的相同因素，以园区差异化发展为方向，按照不同类别来细分市场，制定和提供给消费者个性化与专业化的服务，提高消费者的重游意愿，从而更好地完善休闲林业市场。

从不同的类别进行市场定位，能够带给北京市休闲林业消费者不同的休闲体验，从而提高消费者的体验满意度。一是可以按照年龄划分消费者市场。从分析的数据来看，不同年龄的消费者对休闲林业产品的需求也不相同。如中青年消费者作为休闲林业的主要消

费群，可以开发互动性较强的休闲项目，让他们在休闲放松之余，参与到活动中来；而对于老年市场，经营者在开发时需谨慎选择。二是可以按照职业的不同来进行市场细分。如学生的需求多为休闲娱乐的需求，因此可以多针对学生开发娱乐性较强的活动项目；对于其他不同职业的消费者，应以解压放松为主。三是根据学历高低不同细分市场。学历的高低对休闲需求也有所不同，针对高学历人群，可以开发体验性较强，对身心有益，增强物质与精神结合的活动项目。

9.5 完善休闲林业配套设施，提高服务水平

休闲林业的发展需要完善园区的基础设施、安全卫生设施及休闲观光配套设施的建设。在保障基本的水、电、交通、通信等必备基础设施的基础上，还要加强园区安全卫生设施的建设。如对园区易发生事故或造成灾害的场所设置警示提醒牌，安排紧急疏散逃生通道，增加园区的防护措施，改善园区的卫生条件。除此之外，还要满足消费者休闲观光、旅游度假、娱乐消遣、活动体验、食宿服务等的消费需求，增设游客接待中心、游客休息区等场所，真正做到全心全意、高质量高水平为消费者服务，让消费者享受到应有的设施服务。

消费者满意度除了受活动体验、环境的影响外，还受到休闲林业园区的服务水平影响。可从以下方面提升休闲林业服务质量：一是提高休闲林业园区服务人员的积极主动性，通过与消费者的交流，让消费者更好地了解休闲林业园区的相关体验活动，能够及时解决消费者体验中遇到的问题。二是加强休闲林业园区服务人员的专业性，可以通过在岗培训，对服务人员的专业知识、行为举止、仪容着装进行系统化培训，还可以对休闲林业园区特殊的活动项目服务人员进行专业化培训，加强他们的应急处理能力，以及对所负

责的项目的熟悉性。三是鼓励北京市在校学生志愿服务，对休闲林业园区的历史文化类活动项目进行义务学习与讲解，不但能够节省经营者的成本，同时也能使学生消费群体真正参与到休闲林业活动中。

9.6 推进休闲林业品牌建设，加大宣传力度

当前北京市休闲林业多以森林旅游为主。在现有基础上，加大对森林公园的宣传力度，增强品牌建设，从观光游憩向科普教育、休闲度假、健康养生、绿色餐饮、绿色购物、文化娱乐等拓展，形成多样性户外休闲产品体系和品牌，是扩大休闲林业市场空间的重要途径。北京市山区面积大，休闲林业涉及区域范围广，应结合各区林业资源特点，打造具有区域特性的休闲林业品牌。

目前，休闲林业园区向消费者普及的休闲林业知识有限，网络建设也略显不足。休闲林业园区多以景观欣赏、体验活动等为主，林业知识宣传力度明显不够。休闲林业的发展，可以以休闲娱乐为导向，借助新媒体的功能，采取视频影片宣传、科普文化讲座、售卖园区林产品、生态教育实践、森林体验与自然教育等方式，吸引消费者对林区森林知识的关注，引领消费者自觉学习休闲林业知识。同时，还要注重强化人们的生态意识和环保观念，实现人与自然和谐共生。

参 考 文 献

B. 约瑟夫·派恩，詹姆斯·H. 吉尔摩．体验经济［M］．夏业良，鲁炜，等，译．北京：机械工业出版社，2002.

边四光．体验经济［M］．上海：学林出版社，2003.

伯恩德·H. 施密特．体验式营销［M］．张愉，等，译．北京：中国三峡出版社，2001.

曹爱稳．感知服务质量与顾客满意的关系的实证研究［D］．兰州：兰州大学，2010.

陈建成，陈文汇，贺超，程宝栋．全面谋划森林养生休闲服务业发展［R］．北林报（第554期），2015-10-08.

陈珂，张颖．北京森林旅游生态足迹的嬗变与启示——基于1999—2011年森林公园的统计数据［J］．湖南农业大学学报（社会科学版），2015（4）：80-84.

仇立．基于绿色品牌的消费者行为研究［D］．天津：天津大学，2012.

董观志，杨凤影．旅游景区游客满意度测评体系研究［J］．旅游学刊，2005，20（1）：27-30.

董昭江，高鹏斌，张为民．消费者行为学［M］．北京：清华大学出版社，2012.5

冯建国，杜姗姗，陈奕捷．大城市郊区休闲农业园发展类型探讨——以北京郊区休闲农业园区为例［J］．中国农业资源与区划，2012（1）：23-30.

胡士磊，张松，台朝朝．浅析休闲农业和休闲林业［J］．三峡大学学报（人文社会科学版），2009（S2）：65-67.

黄修杰，李欢欢，熊瑞权，等．基于SWOT分析都市农业发展模式研究——以广州市为例［J］．中国农业资源与区划，2013，34（6）：107-112.

黄志启．城市休闲林业发展评价体系构建——基于城乡统筹的视角［J］．林业经济，2014（7）．

蒋颖，聂华．休闲农业市场客源行为分析研究——以北京市门头沟区为例
　　[J]．江苏农业科学，2014（01）：405-411．

李甲贵．我国葡萄酒消费者行为研究 [D]．杨凌：西北农林科技大学，2014．

李金海，史亚军，等．林下经济的理论与实践 [M]．北京：中国林业出版
　　社，2009．

李军．基于 ASEB 栅格分析法的江西省博物馆旅游体验研究 [D]．南昌：江
　　西科技师范学院，2011．

李伟．旅游文化学 [M]．北京：科学出版社，2006．

李响，赵新元．我国休闲研究的理论视角 [J]．北京第二外国语学院学报，
　　2010（11）：19-25．

李晓东，韩冰．新常态下发展休闲林业的探究 [J]．长春大学学报，2015
　　（10）：69-72＋76．

李昕，李晴．旅游心理学基础 [M]．北京：清华大学出版社，2006．

李亚蝉．广东森林旅游品牌的打造 [EB/OL]．https：//thisandthat. cn.
　　2018/06/02．

李玉惠，段万春，徐晓军．基于灰色理论的企业顾客满意度测评分析 [J]．
　　商业研究，2006（24）：14-17．

连漪，汪侠．旅游地顾客满意度测评指标体系的研究及应用 [J]．旅游学刊，
　　2004，19（5）：9-13．

林德金．消费心理与购买行为分析 [M]．北京：机械工业出版社，1986．

林秀治，黄秀娟，陈秋华．休闲农业经营组织环境行为影响因素分析——以
　　福建省为例 [J]．中国农村观察，2016（2）：14-22＋33＋94．

刘德良，李吉跃，左家哺．美国城市林业概述 [J]．世界林业研究，2006，19
　　（3）：61-65．

刘芬．基于消费者行为的乡村旅游营销策略研究 [D]．长沙：湖南农业大
　　学，2009．

刘敏．休闲农业旅游消费行为研究 [D]．福州：福建农林大学，2012．

刘晴，黄映晖．北京市休闲林业消费者行为分析——以森林公园为例 [J]．
　　安徽农业科学，2016（33）：155-159．

刘宇．顾客满意度测评 [M]．北京：社会科学文献出版社，2003．

柳奕莹．消费者行为——个性、态度与品牌选择的相关性研究［D］．北京：首都经济贸易大学，2002.

楼嘉军．休闲初探［J］．桂林旅游高等专科学校学报，2000（2）：5-9.

马惠娣．休闲问题的理论探究［J］．清华大学学报（哲学社会科学版），2001（6）：71-75.

米锋，陈梅生．关于北京市森林旅游业发展的若干思考［C］．中国林业经济论坛，第一辑.

潘辉，杨成艺，王燕玲．台湾休闲农业类型及对福建乡村旅游的启示［J］．东南园艺，2015（4）：49-53.

裴丽荣．北京市休闲林业消费者满意度研究［D］．北京：北京农学院，2018.

裴明星．基于 ASEB 栅格分析法的肥西县乡村体验旅游开发的对策研究［D］．合肥：安徽农业大学，2013.

秦秀红．发达国家和地区休闲农业的发展概况、类型与特点［J］．世界农业，2010（5）：54-56.

卿前龙，胡跃红．休闲产业：国内研究述评［J］．经济学家，2006（4）：40-46.

史亚军，秦远好，等．休闲农业概论［M］．北京：中国农业出版社，2012.

宋军卫，樊宝敏，李智勇．中国多功能林业思想的历史演进［J］．世界林业研究，2011（2）：8-13.

苏孝同．森林休闲——21世纪的朝阳产业［J］．中国城市林业，2006（5）：43-45.

孙海植，等．休闲学［M］．大连：东北财经大学出版社，2005.

谭梦昕，宋保平．基于 ASEB 栅格分析法的乡村体验式旅游开发——以西安汤峪镇官上村农家乐为例［J］．江西农业学报，2008，20（6）：152-154.

谭明交．农村一二三产业融合发展：理论与实证研究．［D］．武汉：华中农业大学，2016.

陶萍，黄清．刍议我国休闲产业的发展［J］．商业研究，2006（9）：182-183.

田松青．休闲经济［M］．北京：新华出版社，2005.

佟玉焕．基于产业结构视角的北京林业产业分析与展望．农业展望，2018

（7）：43-50.

途牛旅游．森林旅游年产值破万亿元［EB/OL］．https：//www.gdf.gov.cn.
　　2018-11-02.

万绪才，丁敏，宋平．南京市国内游客满意度评估及其区域差异性研究［J］．
　　经济师，2004（1）：246-247.

王娟．基于消费者行为的零售业态演进研究［D］．长沙：中南大学，2012.

王兴斌．森林休闲和休闲林业［EB/OL］．搜狐网，2017-3-25.

王永清，严浩仁．顾客满意度的测评［J］．经济管理，2000（8）：36-38.

王跃伟．观光农业园区消费者行为影响因素探析［D］．郑州：河南农业大
　　学，2009.

魏小安．中国休闲经济［M］．北京：社会科学文献出版社，2005.

翁淑珍．网络消费行为与传统消费行为的比较分析［J］．中国包装工业，
　　2014（6）：23-24.

吴澜，吴泽民．欧洲城市森林及城市林业［J］．中国城市林业，2008，6（3）：
　　74-77.

吴世经，常裕如．市场研究的方法与销售经营的战略［J］．经济与管理研究，
　　1981（1）：58-63.

吴泽民，吴澜．城市森林与城市森林游憩［J］．中国城市林业，2006，4（6）：
　　34-36.

吴章文．森林游憩区保健旅游资源的深度开发［J］．北京林业大学学报，
　　2003，25（2）：63-67.

伍海琳．基于ASEB栅格分析法的乡村体验式旅游产品设计研究［J］．邵阳
　　学院学报（社会科学版），2011，10（3）：43-47.

谢彦君．旅游体验学［M］．天津：南开大学出版社，2005.

辛姝玉，张大红．低碳经济背景下北京市林业产业结构及竞争力研究［J］．
　　林业经济问题，2014，34（4）：357-362.

邢建莉，任洁．林业休闲产业的发展路径［J］．现代园艺，2016（6）：25-26.

徐璐璐，江六一．农村产业融合发展概念研究综述［J］．北方经贸，2018
　　（10）：59-61.

薛群慧．现代消费心理学［M］．北京：科学出版社，2008.

杨维忠，张甜．SPSS统计分析与行业应用案例详解［M］．北京：清华大学
　　出版社，2013．

杨伊侬．休闲农业旅游消费行为的实证研究：以广东省为例［J］．中国商贸，
　　2014（17）：159-160．

叶晔．休闲需求的增加使森林旅游在英国重新受到重视［J］．世界林业动态，
　　2007（21）：4-5．

余维可．关于瑞安市生态休闲林业发展的调查与思考［J］．温州农业科技，
　　2010（2）：11-15．

张广瑞，宋瑞．关于休闲的研究［J］．社会科学家，2001（5）：17-20．

张理，徐志伟．消费者行为学［M］．北京：清华大学出版社，北京交通大学
　　出版社，2013．

张雁白，张建香，赵晓玲．消费者行为学［M］．北京：机械工业出版
　　社，2016．

章海荣，方起东．休闲学概论［M］．昆明：云南大学出版社，2005．

赵春飞，蔡进军，赵惊奇．台湾生态林业建设与发展的思考［J］．宁夏党校学
　　报，2015，17（3）：91-93．

赵仕红，常向阳．休闲农业游客出游行为分析——基于江苏南京市的调查
　　［J］．农村经济，2013（7）：97-100．

郑文昭．宁夏休闲农业SWOT分析及发展对策［J］．安徽农业科学，2014
　　（12）：3626-3628．

郑雪琳，干宏程．居民交通方式选择行为影响因素分析［J］．上海理工大学
　　学报，2013（6）：563-566．

中国林业科学研究院．中国多功能林业发展道路探索［M］．北京：中国林业
　　出版社，2010．

朱姝，程毅．消费者行为学［M］．上海：华东理工大学出版社，2009．

邹歆．基于出行频率与距离的高铁乘客出行特征研究［A］．武汉市人民政
　　府、中国城市规划学会城市交通规划学术委员会．城市交通发展模式转型
　　与创新——中国城市交通规划2011年年会暨第25次学术研讨会论文集
　　［C］．武汉市人民政府、中国城市规划学会城市交通规划学术委员会，
　　2014：7．

Bowen D E, Johnston R. Internal service recovery: developing a new construct [J]. International Journal of Service Industry Management, 1998, 10 (2): 118-131.

Cardozo R N. An Experimental Study of Customer Effort, Expectation, and Satisfaction [J]. Journal of Marketing Research, 1965, 2 (3): 244-249.

Chon K. The Tourist Review [J]. Tourist Review, 1946.

Eadington W R. Impact of Casino Gambling on the Community comment on Pizam and Poleka [J]. Annals of Tourism Research, 1986, 13 (2): 279-282.

Engel, David M, Munger, et al. Rights, Remembrance, and the Reconciliation of Difference [J]. Law & Society Review, 1996, 30 (1): 7.

Geoffrey Godbey. Leisure in Your Life: An Exploration, Philadelphia: Saunders College Publishing, 1981.

Grey G W, Deneke F J. Urban Forest. Krieger Publishing company. Malabar, Florida, 1992.

HoRnsten L. Outdoor recreation in Swedish forests [J]. Acta Universitatis Agriculturae Sueciae Silvestria, 2000.

Huang L. Rural tourism revitalization of the leisure farm industry by implementing an e-commerce strategy [J]. Journal of Vacation Marketing, 2006, 12 (3): 232-245.

J Dumazedier. Prominent recreationist defines leisure, Recreation Canada, 1974, 32: 12-17.

John R Kelly. 21st Century Leisure: Current Issues, Boston: Allyn & Bacon, 2000.

Jolly D. Differences between buyers and no buyers of organic produce and willingness to pay organic price premiums [J]. Agribusiness, 1991, 43 (9): 97-111.

Klein S, Roth V J. Satisfaction with international marketing channels [J]. Journal of the Academy of Marketing Science, 1993, 21 (1): 39-44.

Mazursky D. Past experience and future tourism decisions [J]. Annals of

Tourism Research, 1989, 16 (3): 333-344.

Milner A D, Vyas H, Hopkin I E. Effects of artificial surfactant on lung function and blood gases in idiopathic respiratory distress syndrome. [J] . Archives of Disease in Childhood, 1983, 58 (6): 458-60.

Pierce R, Dimensions of leisure Ⅲ: characteristics, Journal of Leisure Research, 1980 (12): 273-284.

Roger E, Ramp D. Incorporating habitat use in models of fauna fatalities on roads. [J] . Diversity & Distributions, 2009, 15 (2): 222 - 231.

Roiha H, Miller J R, Woods L C, et al. Arrangements and rearrangements of sequences flanking the two types of rDNA insertion in D. melanogaster [J] . Nature, 1981, 290 (5809): 749-754.

Schiffman L G. Perceived Risk in New Product Trial by Elderly Consumers [J]. Journal of Marketing Research, 1972, 9 (1): 106-108.

Smith S L, ADictionary of Concepts in Recreation and Leisure Studies, New York: Greenwood Publishing Group, 1990.

Vablen, T. The Theory of the Leisure Class: An Economic Study of Institutions, New York, NY: New American Library, 1953: 46.

Wellington W, Faria A J, Whiteley T R. Developments in Business Simulation and Experiential Learning, Volume 25, 1998, 77 (12): 1232-1232.

附录一　休闲林业与森林旅游相关支持政策

国家林业局关于大力推进森林体验和森林养生发展的通知
2016 年 1 月 7 日（林场发〔2016〕3 号）

各省、自治区、直辖市林业厅（局），内蒙古、吉林、龙江、大兴安岭森工（林业）集团公司，新疆生产建设兵团林业局，国家林业局各司局、各直属单位：

为深入贯彻落实党的十八届五中全会精神和《中共中央国务院关于加快推进生态文明建设的意见》，进一步发挥森林多种功能，有效利用森林在提供自然体验机会和促进公众健康中的突出优势，更好地推动森林旅游的健康快速发展，现就有关事项通知如下：

一、充分认识发展森林体验和森林养生的重要意义

森林体验是人们通过各种感官感受、认知森林及其环境的所有活动的总称。通过有目的的森林体验设计和引导，可以帮助人们更好地了解自然及自然与人类生存与发展的关系，激发人们的创造性，并自觉培养起尊重自然、顺应自然、保护自然的生态情怀。森林养生是利用森林优质环境和绿色林产品等优势，以改善身体素质及预防、缓解和治疗疾病为目的的所有活动的总称。充分利用森林的体验和养生功能，是发挥森林多种功能的重要途径，是加快转变林业发展方式、激发林业生产力的重要途径，也是加强生态文明建设和健康中国建设的重要途径，它与人们日益增长的精神文化需求相契合，与建设生态文明和推动绿色发展的时代要求相契合。加快森林体验和森林养生发展，有助于推动森林旅游的创新发展和绿色发展，有助于发挥林业在弘扬生态文明、改善民生福祉中的巨大

潜力。

二、加强对外交流，做好国外先进经验的引进、吸收和转化工作

森林体验和森林养生是经济社会发展的必然产物，它体现了人们对人与自然关系认识的提高，体现了人们在基本的物质生活条件得以满足后，对生活品质和精神文化领域的更高追求。在德国、日本、韩国等发达国家，发展森林体验和森林养生已经具有几十年历史，甚至已经成为青少年成长过程中的一门"必修课"，成为现代生活的一个重要组成部分。这些国家在探索发展森林体验和森林养生过程中积累了丰富的经验，值得我们学习和借鉴。各地要加强与相关国家和地区的交流，积极引进先进理念、成功经验和做法，并积极推动双边和多边合作。同时，要根据我国的国情、林情和各地实际情况，有创造性地推动森林体验和森林养生发展，避免照搬照抄、千篇一律。

三、加快硬件软件建设，高起点高标准推动森林体验和森林养生发展

有条件的森林公园、湿地公园、林业系统自然保护区以及其他类型森林旅游地，要把发展森林体验和森林养生纳入总体规划，大力加强硬件、软件建设，积极打造高质量的森林体验和森林养生产品。要根据森林旅游地的不同特点，明确森林体验和森林养生发展的主要方向、建设重点和功能布局。要在观光型体验的基础上，不断拓展和提升人们在认知、运动、生产、生活等方面的体验机会，增强游客参与性，提高满足感。要把加强对未成年人的自然教育作为森林体验的重点，结合对中小学生的自然教育要求，把森林旅游地建设成为对未成年人进行自然知识普及和生态道德教育的最生动的课堂。要在开展一般性休闲游憩活动的同时，为人们提供各有侧

重的森林养生服务，特别是要结合中老年人的多样化养生需求，构建集吃、住、行、游、娱和文化、体育、保健、医疗等于一体的森林养生体系，使良好的森林生态环境真正成为人们的养生天堂。要加强森林体验（馆）中心、森林养生（馆）中心、森林浴场、解说步道、健身步道等基础设施建设，完善相关配套设施。要加强人才队伍建设，注重各类专业人才培养，建立志愿者队伍，不断提高相关工作的科学性、专业性，不断提高各项活动的组织管理水平。

四、加强组织领导和扶持力度，推动森林体验和森林养生的规范快速发展

各级林业主管部门要加强领导，认真研究，积极探索，不断创新森林体验和森林养生发展的新方式、新路径。要大力加强制度化、标准化建设，引导森林体验和森林养生事业的规范、有序发展。要在推进国（境）内外交流的基础上，逐步形成中外合作的长效机制，不断推进在政策、规划、标准、培训以及森林体验和森林养生产品开发等领域的深度合作。鼓励有条件的森林旅游地与国（境）外相关单位缔结姊妹关系，促进人员往来和业务合作。要把发展森林体验和森林养生作为各级林业基本建设、林业产业扶持、林业重点工程、林业信贷等的重要支持方向，积极争取相关中央投融资项目和地方财政支持，鼓励社会资金依法进入森林体验和森林养生产品开发领域。要在完善相关制度、标准的基础上，建立一批森林体验基地和森林养生基地，不断提高专业化服务水平，更好地满足人们日益增长的森林体验和森林养生需求。

特此通知。

国家林业和草原局关于进一步放活集体林经营权的意见

2018 年 5 月 8 日（林改发〔2018〕47 号）

各省、自治区、直辖市林业厅（局），内蒙古、吉林、龙江、

大兴安岭森工（林业）集团公司，新疆生产建设兵团林业局，国家林业和草原局各司局、各直属单位：

放活集体林经营权，利用好林业资源，有利于吸引社会资本投资林业，有利于推进适度规模经营，有利于实现小农户与林业现代化建设有机衔接，对促进生态美百姓富的有机统一、推进实施乡村振兴战略意义重大。按照党中央、国务院关于集体林权制度改革的决策部署，现就进一步放活集体林经营权提出如下意见。

一、加快建立集体林地三权分置运行机制

推行集体林地所有权、承包权、经营权的三权分置运行机制，落实所有权，稳定承包权，放活经营权，充分发挥"三权"的功能和整体效用，是深入推进集体林权制度改革的重要内容，放活林地经营权是其核心要义。林地经营权人有权依照流转合同依法利用林地林木并获得相应收益，经承包农户同意，可以依法修筑直接为林业生产服务的工程设施，并依照流转合同约定获得合理补偿；再流转或依法依规设定抵押权利须经承包农户或其委托代理人书面同意，并向农民集体（发包方）书面备案。鼓励基层林业主管部门建立林权流转合同鉴证制度，依当事人自愿申请但不强迫的原则进行合同鉴证，出具鉴证报告，探索作为经营权人实现林权抵押、评优示范、享受财政补助、林木采伐和其他行政审批等事项的依据，平等保护所有者、承包者、经营者的合法权益。

二、积极引导林权规范有序流转

鼓励各种社会主体依法依规通过转包、租赁、转让、入股、合作等形式参与流转林权，引导社会资本发展适度规模经营。当前，尤其要重点推动宜林荒山荒地荒沙使用权流转，促进国土绿化。鼓励和支持地方制定林权流转奖补、流转履约保证保险补助、减免林权变更登记费等扶持政策，引导农户有序长期流转经营权并促进其

转移就业。可以根据农民意愿，通过预流转、委托流转等方式组织集中连片经营的农户承包林权在公开市场上招商引资。各地要着力完善基础设施，集中项目支持农村致富带头人和社会资本建立基地，引导和支持农民以林权等入股发展林业。建立林权流转市场主体"黑名单"制度，研究制定林权流转市场主体信用记录和信用评价运用办法，充分应用"信用中国"查询平台，限制失信人和林权流转黑名单主体受让林权及申报林业建设项目、补贴、荣誉等。

三、拓展集体林权权能

在林权权利人对森林、林木和林地使用权可依法继承、抵押、担保、入股和作为合资、合作的出资或条件的基础上，进一步拓展集体林权权能。鼓励以转包、出租、入股等方式流转政策所允许流转的林地，科学合理发展林下经济、森林旅游、森林康养等。积极发展森林碳汇，探索推进森林碳汇进入碳交易市场。鼓励探索跨区域森林资源性补偿机制，市场化筹集生态建设保护资金，促进区域协调发展。探索开展集体林经营收益权和公益林、天然林保护补偿收益权市场化质押担保。各地要积极协调相关部门开发符合林业特点的林权抵质押贷款金融产品，推广规模经营主体间开展林权收储担保业务，探索以自有林权抵押折资＋一定比例货币资本作为收储保证资本，并会同金融监管部门建立风险防控机制，支持林权收储机构为林业开发利用经营主体的林权抵押贷款提供森林资源资产评估、林权收储、信贷担保、抵押物处置等服务。

四、创新林业经营组织方式

在坚持家庭经营的基础性地位前提下，积极推进家庭经营、集体经营、合作经营、企业经营、委托经营等共同发展的集体林经营方式创新。引导具有经济实力和经营特长的农户，发展家庭林场、领办林业专业合作社，形成规模化、集约化、商品化经营。支持村集体经济组织创办村集体股份合作林场，将现仍由村集体统一经营的林地林木折股量化到户，鼓励和引导村集体成员以家庭承包林地林木量化折股入场。鼓励以林权量化或作价入股形成利益共同体，由合作组织经营或统一对外流转，建立"林地变股权、林农当股东、收益有分红"的股份合作运行机制。鼓励和引导工商资本到农村流转林权，建立产业化基地，向山区和林区输送现代林业生产要素和经营模式。以规模经营为依托，以利益联结为纽带，积极引导和支持规模经营的林业企业、林业专业合作社、家庭林场领办林业经营联合体，提供农资、生产、供销、金融、技术、信息、品牌等合作共享服务，加快产业化发展。

五、健全完善利益联结机制

探索集体林经营权新的实现形式和运行机制，推广集体林资源变资产、资金变股金、农民变股东的"三变"模式，增加农民财产收益和劳务收入。鼓励引导实物计租货币结算、租金动态调整、入股保底分红等利益分配方式，激发更多的农民主动参与林权流转。推广"林地股份合作社＋职业森林经理人＋林业综合服务"三位一体的"林业共营制"，大力培育一批职业森林经理人，支持将职业森林经理人纳入城市社保保障范围。鼓励龙头企业＋家庭林场（农户）或林业合作社以股份式、合作式、托管式、订单式等模式建立紧密的利益联结机制，让农民分享产业链增值收益。对与林农建立紧密利益联结机制的经营主体，对活化集体林权带动强、为林农增收致富作用明显、发展集体林业效益突出的，在财政资金、产业基金、林下经济补助等项目安排、评优表彰、试点示范等方面给予优先支持。

六、推进产业化发展

产业发展是经营权活化的最直接动因，要按照绿水青山就是金山银山的理念，规划好集体林业资源的利用方式、途径、强度和产业布局，提高林地综合效率和产出率。改造传统用材林，各地要充分利用造林绿化、退耕还林、低产低效林改造、森林抚育等，优化树种组成、林分结构，积极发展乡土大径级和珍贵树种用材林，鼓励探索择伐、渐伐奖励制度。大力发展林下经济等非木质产业，实施枝、叶、花、果、汁综合开发利用，打造林业产业新的增长极。充分利用森林景观和森林生态环境，发展森林旅游休闲康养等绿色新兴产业。加快森林生态标志产品建设工程建设，创建林特产品优势区和林业产业示范园区，推进一二三产业融合发展，培育一批林特小品种大产业基地。

七、依法保护林权

充分尊重林权权利人的主体地位，实现各类市场主体按照市场规则和市场价格依法平等使用林权，提升投资人信心。妥善处理集体林地承包经营纠纷，加大纠纷调处力度，平等保护双方权益，增强农民与林业经营主体产权保护观念和契约意识。严格依照法定权限和程序进行禁止或限制林权权利人经营活动，既不能降低标准也不要层层加码。鼓励在建立完善森林资源资产产权制度和有偿使用制度方面进行探索，对确因生态保护需要禁止或限制林地林木依法开发利用的，要充分尊重农民意愿，探索通过租赁、合作、置换、地役权合同等方式规范流转集体林权，逐步扩大生态保护范围和提高保护等级，实现生态美百姓富的有机结合。通过赎买方式进行市场化补偿的，赎买价格要充分参考征收林地林木补偿费标准和市场价格等合理确定。

八、提升管理服务水平

加快推进"互联网＋政务服务"，推行网上办理，进一步降低制度性交易成本，优化营商环境。要依托林权管理服务机构，以林权权源表为核心，加快推进互联互通的林权流转市场监管服务平台建设，提高林权管理服务的精准性、有效性和及时性。鼓励建立基于智能手机的区域性林业服务综合平台，将林业金融服务、林权流转交易、林业政策、科技推广、林业有害生物防治、林业生产中介服务等信息延伸到每个林农手中，打通信息服务的"最后一公里"。严禁将现有或已取消的林业行政审批事项转为中介服务，严禁将一项中介服务拆分为多个环节。受林业主管部门委托的有关机构，对服务对象开展各类技术评审、评估、审查、检验、检测、鉴定等活动，不得向服务对象收取费用。加强基层林权管理服务中心、乡镇林业工作站等林业公共服务机构能力建设，逐步健全县、乡、村三级林权服务和管理网络，大力推行一站式、全程代理服务模式。鼓励采取政府购买、定向委托、奖励补助、招投标等形式，积极引导基层公共服务机构、科研机构、行业协会、龙头企业、合作社等组织提供林业生产经营服务。

全国绿化委员会 国家林业和草原局关于积极推进大规模国土绿化行动的意见

2018 年 11 月 13 日（全绿字〔2018〕5 号）

各省、自治区、直辖市、新疆生产建设兵团绿化委员会，全国绿化委员会各成员单位，各省、自治区、直辖市林业厅（局），内蒙古、吉林、龙江、大兴安岭森工（林业）集团公司，国家林业和草原局各司局、各直属单位：

开展大规模国土绿化行动，是党的十九大做出的重大战略决策，是建设生态文明和美丽中国的重要举措，是贯彻习近平生态文明思想的生动实践。为深入贯彻党的十九大和中央经济工作会议、中央农村工作会议、全国国土绿化工作电视电话会议精神，积极推进大规模国土绿化行动，现提出如下意见。

一、总体要求

(一) 指导思想

深入贯彻落实党的十九大精神，以习近平新时代中国特色社会主义思想特别是习近平生态文明思想为指导，紧紧围绕统筹推进"五位一体"总体布局和协调推进"四个全面"战略布局，认真践行绿水青山就是金山银山理念，以建设美丽中国为总目标，以满足人民美好生态需求为总任务，以维护森林草原生态安全为基本目标，以增绿增质增效为主攻方向，统筹山水林田湖草系统治理，依靠创新驱动，依靠人民群众，依靠法治保障，多途径、多方式增加绿色资源总量，着力解决国土绿化发展不平衡不充分问题，构建科学合理的国土绿化事业发展格局。

(二) 主要任务

推进大规模国土绿化，大面积增加生态资源总量，持续加大以林草植被为主体的生态系统修复，有效拓展生态空间；大幅度提升生态资源质量，着力提升生态服务功能和林地、草原生产力，提供更多优质生态产品；下大力气保护好现有生态资源，全面加强森林、草原、湿地、荒漠生态系统保护，夯实绿色本底，筑牢生态屏障。

(三) 主要目标

到 2020 年，生态环境总体改善，生态安全屏障基本形成。森林覆盖率达到 23.04%，森林蓄积量达到 165 亿立方米，每公顷森林蓄积量达到 95 立方米，主要造林树种良种使用率达到 70%，村庄绿化覆盖率达到 30%，草原综合植被盖度达到 56%，新增沙化土地治理面积 1 000 万公顷。到 2035 年，国土生态安全骨架基本形成，生态服务功能和生态承载力明显提升，生态状况根本好转，美丽中国目标基本实现。到 2050 年，迈入林业发达国家行列，生态文明全面提升，实现人与自然和谐共生。

（四）基本原则

——坚持以人民为中心理念。牢固树立绿化惠民理念，始终将人民对美好生活的向往作为国土绿化的奋斗目标，坚持绿化为了人民、绿化成果由人民共享，加大国土绿化力度，着力解决群众最关心的生态问题，营建良好的生产生活环境，提供更多优质生态产品，让人民群众充分享受国土绿化成果。

——坚持走科学、生态、节俭绿化之路。遵循尊重自然、顺应自然、保护自然的生态文明理念，坚持规划统筹，优化生产、生活、生态空间，坚持因地制宜、科学绿化，以水定林（草）、量水而行，乔灌草结合、封飞造并举。严禁天然大树进城。遵循自然规律和经济规律，坚持经济节俭的绿化理念，确保国土绿化行动科学健康发展。

——坚持数量和质量并重。开展国土绿化行动既要注重数量更要注重质量。充分挖掘生态用地潜力，加大森林、草原生态系统修复力度，扩大林草植被面积，增加生态资源总量。着力提升生态资源质量，积极推动国土绿化由规模速度型向数量质量效益并进型转变，切实加强林草资源抚育经营，提高森林、草原生态系统的质量和稳定性，全面提升生态服务功能。

——坚持保护优先。保护现有生态资源是国土绿化行动的首要任务。坚持最严格的生态保护制度，全面强化森林、草原、湿地、荒漠等生态系统保护，巩固生态建设成果。准确把握保护生态与发展经济的关系，坚持在保护中发展，在发展中保护，实现发展与保护协调统一，推进国土绿化可持续发展。

——坚持山水林田湖草系统治理。把山水林田湖草作为一个生命共同体，进行统一保护、统一修复。坚持系统工程的思路，按照生态系统的整体性、系统性及其内在规律，统筹考虑自然生态各要素，将林草植被恢复与山水田湖综合治理统筹规划，治沟与治坡相结合，治山与治水相结合，生物措施和工程措施相结合，实现整体保护、系统修复，优化生态安全屏障体系，维护国家生态安全。

——坚持政府主导、社会参与。强化行政推动，坚持和加强各级人民政府、各级绿化委员会对国土绿化工作的领导，完善领导体制，落实责任机制，为开展国土绿化行动提供坚强有力的组织保障。认真落实全国动员、全民动手、全社会搞绿化的基本方针，坚持国家、集体、企业、社会组织、个人一起上，积极引导各方面社会力量和资金投入国土绿化，形成多层次、多形式、全方位推进国土绿化的强大合力。

二、实施重大生态修复工程，以大工程带动国土绿化

（一）深入推进退耕还林还草工程

将《新一轮退耕还林还草总体方案》确定的具备条件的4 240万亩*坡耕地和严重沙化耕地以及 2017 年国务院批准核减的陡坡耕地基本农田落实到地块，2020 年前组织实施。研究提出进一步扩大退耕还林还草的意见，统筹耕地保护和退耕还林还草的关系，逐步将陡坡耕地、重要水源地 15°～25°坡耕地、严重沙化耕地、严重污染耕地、严重石漠化耕地、易地扶贫搬迁腾退耕地等不宜耕种耕地，特别是对长江经济带生态修复需要的退耕地及禁垦坡度以上坡耕地纳入工程范围。进一步落实省级人民政府负总责的要求，加强政策引导和工作指导，确保全面完成退耕还林还草任务。

（二）着力加强三北等防护林体系工程建设

全面落实三北防护林体系建设五期工程规划，大力加强京津冀区域绿化，抓好百万亩防护林基地建设。持续推进长江、珠江、太行山、沿海和平原防护林体系工程建设。加快长江、珠江两岸造林绿化，重点加强"长江经济带"，南水北调中线区域，洞庭湖、鄱

---

* 15 亩＝1 公顷。

阳湖、三峡库区、丹江口库区，以及南北盘江水源涵养林、水土保持林和护岸林建设。加快太行山区水土流失治理步伐。强化沿海基干林带、消浪林带建设和修复，增强生态防护功能，提升防灾减灾御灾能力。完善农田防护林体系布局，科学设置网格，综合治理田林路渠，构建配置科学、结构合理，带、片、网相结合的多树种、多层次、多功能的防护林体系。启动实施国土绿化"百县千场"行动，重点推进国土绿化 100 个重点县、1 000 个重点林场建设。实施好河北雄安新区白洋淀上游、内蒙古浑善达克、青海湟水规模化林场试点，确保高质量完成试点任务。

（三）加快国家储备林建设

全面实施《国家储备林建设规划（2018—2035 年）》，在自然条件适宜地区，推进实施粤桂琼沿海、浙闽武夷山北部、湘鄂赣罗霄山等一批国家储备林建设工程。重点实施广西壮族自治区、福建南平、江西吉安等国家储备林示范项目，大力培育和储备珍稀树种及大径级用材等森林资源，到 2020 年建设国家储备林 700 万公顷。开展国家储备林典型林分经营模式研究和推广示范，在编制森林经营方案试点基础上，全面推进国家储备林森林经营方案编制工作，建立健全国家储备林现代工程管理制度和技术标准体系。

（四）持续推进防治荒漠化工程

继续推进京津风沙源治理、岩溶地区石漠化综合治理，加大对大江大河上游或源头、生态区位特殊地区石漠化治理力度，认真抓好全国防沙治沙示范区建设，支持社会组织和企业参与防沙治沙和沙产业发展。对暂不具备治理条件和因保护生态需要不宜开发利用的连片沙化土地实施封禁保护。建设 150 处国家沙漠（石漠）公园。认真抓好灌木林平茬复壮试点工作。实施《沙化土地封禁保护修复制度方案》，落实地方政府防沙治沙目标责任制，尽快形成较为完善的沙化土地封禁保护修复制度体系。强化防沙治沙执法督查，依法保护沙区植被，巩固防沙治沙成果。

（五）着力强化草原保护与修复工程

继续实施农牧交错带已垦草原治理工程，力争 2020 年前完成 1 750 万亩已垦草原治理任务。继续实施退牧还草工程，科学规划围栏建设路线，落实围栏管护责任。科学选定人工饲草地建设地点，合理利用空中云水资源和地表水建设人工饲草地。推进南方草地保护建设，合理开发利用南方草地资源，恢复和增强南方草地植被生态功能。完善草原保护建设工程管理措施，建立成果巩固长效机制，确保工程建设发挥实效。

（六）开展乡村绿化行动

全面保护乡村自然生态系统的原真性和完整性，加强乡村原生植被、自然景观、小微湿地和野生动植物保护，实施严格的开发管控制度。因地制宜开展乡村片林、景观通道、庭院绿化、四旁绿化、乡村绿道、休憩公园建设。推行以工程措施稳固山体、生物措施恢复植被的林业治山模式，实施乡村山体创面、矿山废弃地、污染地植被恢复。加强乡村森林抚育、退化林修复，提升乡村生态资源质量。积极培育高效用材林、特色经济林，发展竹藤花卉及林下经济。开展森林乡村建设，到 2020 年，建成 20 000 个国家森林乡村、森林人家。

（七）稳步推进城市绿化

以创建森林城市、园林城市、绿化模范城市为载体，加强城市片林、风景林建设，稳步推进城市公园、郊野公园、城郊森林公园等各类公园及城郊绿道、环城绿带、生态廊道建设，采取规划建绿、拆违建绿、立体植绿等方式，努力扩大绿地面积，不断提升景观效果。加快建设国家森林城市和森林城市群，稳步增加人均绿地面积，着力提升城市绿地总量，构建稳定的城市森林生态系统。到 2020 年，建成 200 个国家森林城市和 6 个国家级森林城市群、360 个国家园林城市。

三、积极推进社会造林，引导各类主体参与国土绿化

（一）深入开展全民义务植树

各级领导干部要带头履行植树义务，带动广大人民群众积极投入国土绿化行动。组织广大群众种植幸福林、青年林、巾帼林、亲子林等，开展"植绿护绿""绿化家园""保护母亲河行动"等主题活动。认真实施《全民义务植树尽责形式管理办法》，落实好造林绿化、抚育管护、自然保护、认种认养、志愿服务等8类尽责形式。深入推进"互联网＋全民义务植树"，完善全民义务植树网络平台，创新拓宽公众尽责和知情的有效途径。建设好各类义务植树基地，逐步建立国家、省、市、县的基地建设体系。认真落实属地管理制度，依托乡镇、街道、社区居民委员会，开展城乡适龄公民义务植树预约登记、组织管理、统计发证等工作。

（二）协同推进部门（系统）绿化

认真落实《全国造林绿化规划纲要（2016—2020年）》，将完成管理区域绿化、增加辖区生态资源总量作为工作重点，加快推进生产区、办公区、生活区等绿化美化。着力抓好公路、铁路、河渠、堤坝等绿化美化，科学配置绿化植被，建设层次多样、结构合理的绿色生态通道，丰富通道景观，改善沿线生态环境，提升防护功能。积极开展"绿色机关""绿色单位""绿色学校""绿色社区""绿色家庭""绿色矿区""绿色营区"等建设工作。深入推进矿山复绿，对重要自然保护区、景观区、居民集中生活区的周边和重要交通干线、河流湖泊直观可视范围，采取工程措施和生物措施相结合的方式，使生态得到恢复、景观得到美化。

（三）鼓励引导社会力量参与造林

积极发展造林主体混合所有制，探索国有林场林区与企业、林业新型经营主体开展多种形式的场外合作造林和森林保育经营，有效盘活林木资源资产。组织动员国企、民企、外企、集体、个人、

社会组织等各方面社会力量参与国土绿化，培育一批专门从事生态保护与修复的专业化大型企业。大力推广"生态＋脱贫"模式，林业重点工程建设任务向贫困地区尤其是深度贫困地区倾斜，优先扶持组建以建档立卡贫困人口为主的造林专业合作组织，承担营造林工程建设任务。大力发展生态产业，带动一批贫困人口增收脱贫。到 2020 年，力争组建 1.2 万个造林（草）合作社（队），吸纳 10 万以上贫困人口参与生态工程建设。

四、强化森林、草原经营管理，精准提升生态资源质量

（一）切实提高造林种草质量

科学选择林草植被种类和恢复方式，根据气候条件和土壤条件，宜造则造、宜封则封、宜飞则飞，确保造林种草成活率和保存率。干旱半干旱、石漠化、盐碱化等困难立地造林，要科学核定林草生产力和区域承载力，宜乔则乔、宜灌则灌、宜草则草，提高植被恢复的科学性和有效性。要优先选择乡土树种草种、珍贵树种、抗逆性强的树种，大力营造混交林。认真执行《造林技术规程》《造林作业设计规程》《人工种草技术规程》等技术规程，严格坚持先设计后造林种草，强化造林种草全过程质量管理，加强未成林地抚育管护，促进郁闭成林。

（二）精准提升林草资源质量

落实《全国森林经营规划（2016—2050 年）》，建立全国、省、县三级森林经营规划体系，督促各类经营主体编制和执行森林经营方案。按照《"十三五"森林质量精准提升工程规划》，年度实施森林抚育、退化林修复 1.5 亿亩，新启动 30 个森林质量精准提升示范项目。认真执行《森林抚育规程》，完善森林经营技术措施，推进林地立地质量评价、森林质量提升关键技术、营造林机械化等研究和应用。针对不同类型、不同发育阶段的林分特征，科学采取

抚育间伐、补植补造、人工促进天然更新等措施，逐步解决林分过疏、过密等结构不合理问题。大力推进天然林修复，以自然恢复为主，人工促进为辅，采取人工造林、抚育、补植补造、封育等措施，改善天然林结构，促进天然林质量提升。切实转变森林经营利用方式，推动采伐利用由轮伐、皆伐等向渐伐、择伐等转变，确保森林恒续覆盖，提升森林生态系统的质量和稳定性。研究制定适用于各类型草原的施肥、补播等草原改良技术规程和建设标准，完善草原资源质量监测技术手段，推进草原改良和质量评价的研究与应用。

（三）加强退化林修复

充分利用自然力，采取人工促进等有效措施，有计划、有步骤地对低质低效林进行改造。对于退化防护林，采取小面积块状皆伐更新、带状更新、林（冠）下造林、补植更新等方式进行修复，配置形成混交林，促进生态系统正向演替。对于低产用材林，采取更替改造、抚育间伐、补植补造等措施，增加珍贵树种、优质高效用材树种，不断优化林分结构，提高林地生产力。对于低产经济林，进行品种改良、土壤改良，加强水肥管理，及时整枝修剪、疏花疏果，促进增产。严格落实相关制度和技术规程，禁止以低效林改造、退化林修复为名，将天然次生林改造为人工林。

五、加强生态资源保护，维护国土生态安全

（一）全面加强天然林保护

落实《天然林保护修复制度方案》，全面保护 29.66 亿亩天然林，实施好天然林资源保护二期工程，19.44 亿亩天然乔木林得到全面保护。继续停止天然林商业性采伐，并按规定安排停伐补助和停伐管护补助。加强天然灌木林地、未成林封育地、疏林地管护和修复。恢复森林资源、扩大森林面积、提升森林质量、增强森林生态功能。

（二）着力巩固森林资源成果

科学划定并严守林地、草地、湿地、沙地等生态保护红线，坚决维护国家生态安全底线。严格落实领导干部生态环境损害责任追究，强化党政领导干部生态环境和资源保护职责。加快推进自然资产负债表编制，建立自然资源开发使用成本评估机制，实行生态环境损害赔偿制度。严格林地用途管制和林地定额管理，实施差别化林地管理政策，严格审核审批建设项目使用林地，保护生态功能重要和生态脆弱区域林地。严厉打击乱砍滥伐、乱捕滥猎、毁林开垦、非法占用林地、湿地等各种破坏生态资源的违法犯罪行为。

（三）不断强化草原资源保护

实行基本草原保护制度，确保面积不少、质量不降、用途不变。严格落实草原承包、基本草原保护、禁牧休牧划区轮牧、草畜平衡等制度，落实年度任务草原禁牧12亿亩以上和草畜平衡26亿亩以上。组织开展草原执法专项检查，依法严厉查处非法开垦、非法征占用、非法采挖草原野生植物等破坏草原的违法行为。严格依法做好草原征收使用审核审批工作，强化草原野生植物采集管理。

（四）全面加强森林草原灾害防控

加强森林草原火险预警监测，强化火源管控和监督检查，完善应急预案，加强防扑火能力建设，努力形成科学高效的综合防控体系，实现森林、草原火灾的有效预防和安全扑救。加强林业草原有害生物监测预警、检疫御灾和防控减灾，落实重大林业草原有害生物防治责任，着力抓好松材线虫病、美国白蛾、鼠（兔）害等重大林业和草原有害生物防治，努力减少灾害损失。着力抓好重大沙尘暴灾害应急处置工作，强化监测、预警工作，最大限度地减少人民群众生命和财产损失。

（五）加大古树名木保护力度

摸清全国古树名木资源，及时掌握资源变化情况。加强古树名木认定、登记、建档、公布和挂牌保护，建立古树名木资源电子档案，启动古树名木公园建设。加强古树名木保护管理，明确管理部门，层层落实管理责任。探索划定古树名木保护红线，严禁破坏古树名木及其自然生境。科学制定日常养护方案，落实管护责任。开展古树名木抢救复壮，对濒危的古树名木，要及时组织专业技术力量，采取地上环境综合治理、地下土壤改良、树洞防腐修补、树体支撑加固等措施，逐步恢复其长势。

六、完善政策机制，培育国土绿化新动能

（一）合理安排公共财政投入

按照"政府主导、社会参与"的原则，合理安排公共财政投入，逐步完善营造林种草补助和森林抚育补助政策，合理调整补助标准，探索实行先造后补、以奖代补、贷款贴息、购买服务、以地换绿等多种方式，推进造林、抚育、管护等任务由各类社会主体承担，引导国企、民企、外企、集体、个人、社会组织等各方面资金投入。落实好新一轮草原生态保护补奖政策，保障大规模国土绿化行动稳定有序推进。

（二）完善金融支持政策

加大金融创新力度，开发林业金融产品。开发性、政策性金融机构在业务范围内，根据职能定位为国土绿化行动提供信贷支持。推广以林权抵押为信用结构，企业自主经营，以项目现金流作为还款来源，不增加地方政府债务的融资模式。探索运用企业债券、投资基金等新型融资工具，多渠道筹措建设资金。加强国土绿化项目融资监管，健全风险防控机制，严禁各类违法违规举债、担保等行为。加快建立森林资源资产评估制度、担保贷款体系、林权交易流转平台，完善森林保险制度，增强抵御自然和市场风险能力。鼓励林业碳汇项目参与温室气体自愿减排交易。

（三）创新森林采伐和林地管理机制

鼓励各地科学开展人工商品林采伐，合理确定主伐年龄，简化

管理环节，全面推行采伐公示制度，优先满足采伐指标需求。对社会资本利用荒山荒地集中连片进行植树造林，以及开展荒漠化、沙化、石漠化等生态脆弱区综合治理的，在保障生态效益的前提下，允许利用一定比例的土地发展林下经济、生态观光旅游、森林康养、养生养老等环境友好型产业，并依法办理建设用地审批手续。

七、强化保障措施，促进国土绿化科学健康发展

（一）加强组织领导

各地区要将大规模国土绿化纳入当地经济和社会发展规划、国土空间规划，落实领导干部任期国土绿化目标责任制，把国土绿化工作目标纳入地方政府年度考核评价体系。要大力推行"林长制"，建立省、市、县、乡、村五级林长制体系，形成党政领导挂帅、部门齐抓共管、社会广泛参与的新格局。完善表彰激励机制，对超额完成造林绿化任务的省份，国家在任务安排上予以适当倾斜，对国土绿化做出重大贡献的杰出个人、集体和其他造林主体，按照有关规定予以表彰。各部门（系统）要坚持并不断完善部门绿化分工负责制，科学制定绿化规划，分解落实好各项绿化任务，将绿化工作责任纳入部门（系统）工作目标体系，做到与部门（系统）工作目标同部署、同推进、同考核。要进一步加强各级绿委办机构建设，配备专职管理人员和技术人员，安排必要的工作和绿化经费，提供必要的工作保障。强化乡镇林业工作站建设，提升林业基层公共管理服务能力。

（二）培育使用优质种苗

抓好种苗生产基地建设。强化现有良种基地管理，加快良种基地树种结构调整，建立"产、研、管"相结合的运行机制。抓紧划定一批国土绿化急需的乡土、珍贵、生态、景观树种以及优质饲草的采种基地。全面开展种质资源普查，推进种质资源保护、评价和

利用。合理确定一批保障性苗圃，解决苗木市场"供需失灵"问题。做好种苗生产与需求衔接。加强种苗生产与供应的引导，开展造林绿化对种苗需求的预测预报。充分发挥各级种苗交易市场的作用，充分运用"互联网＋种苗"，打造一批线上线下种苗交易和信息平台，拓宽种苗供求交易和信息渠道，促进种苗生产与需求有效对接。强化种苗使用环节的管理。遵循适地适树适种源原则，提倡就近采购苗木造林种草，优先使用包衣种子、轻基质容器苗。完善种苗招投标机制，杜绝"唯价格"采购种苗。造林种草作业设计要明确良种使用和种苗质量要求，并将其作为检查验收的重要内容，实行一票否决。加强种苗市场监管。加快制修订与种子法相配套的法规和标准，完善种苗法律法规和标准体系。加大种苗执法力度，建立执法检查和质量监督通报制度，严厉打击生产销售假冒伪劣种苗行为。加强对种苗生产、流通、使用全过程质量监督，严禁使用无证无签苗，严把造林种草种苗质量关。

（三）强化科技支撑

严格坚持规划设计、适地适树、合理密度、科学栽植等营造林基本技术规则，充分依靠自然力量，坚持自然修复与人工修复相结合，加大封山育林育草比重。根据水资源承载力科学确定生态修复模式，大力发展节水林业，开发云水资源，积极推广运用乡土树种。要加强困难立地造林、混交林营造、珍贵树种培育、能源林培育、名特优经济林栽培等技术攻关，大力推广节水抗旱造林、测土配方施肥等实用技术。扎实推进标准化建设，紧密结合科技创新取得的新成果、新技术，建立健全国家标准、行业标准、地方标准相互配套的营造林技术标准体系，努力提高标准化和规范化水平。加强信息化建设，运用现代信息新技术，依托"互联网＋"，加强造林绿化精细化管理，不断提升国土绿化科学管理水平。加强科技队伍建设，健全科技推广服务体系，抓好技术培训，强化指导服务，提高国土绿化科技支撑能力。

（四）加大宣传力度

各地区、各部门（系统）要进一步加大国土绿化宣传动员力度，充分利用电视、电台、报刊等传统媒介和网站、微信、微博等新兴传媒，开展全方位、大力度、高频次的宣传，重点宣传推进大规模国土绿化的重要意义、总体思路、目标任务、政策措施等。充分发挥全国绿化先进集体、劳动模范、先进工作者和全国绿化模范单位、全国绿化奖章评选表彰的典型示范作用，用先进典型示范带动国土绿化事业发展。大力弘扬塞罕坝精神，引导社会各界积极投身大规模国土绿化行动，凝聚起建设美丽中国的强大合力。

各地区、各部门（系统）要认真落实本意见精神，结合实际研究制定实施方案，抓紧出台开展大规模国土绿化行动的具体政策措施，明确责任分工和时间进度要求，确保各项工作举措和要求落实到位，持续深入开展大规模国土绿化行动，切实提升国土绿化总体水平。

北京市"十三五"时期园林绿化发展规划（节选）

四、发展目标

总体上，园林绿化发展指标达到新的更高水平，生态容量不断扩大，宜居环境显著优化，绿色福祉明显提升，区域协同发展取得突破，园林城市建设达到更高水平，森林城市创建取得新成效，使美丽北京成为美丽中国的重要组成部分和示范区，有力支撑与推进国际一流和谐宜居之都建设。

——园林绿化生态系统更加完善。

大力拓展绿色空间，努力提高园林绿化建设水平，森林、绿地和湿地的结构进一步提升优化，三大生态系统分布更自然、更协调、更合理。在市域和京津冀两个区域，着力恢复与建设山、水、林、田、湖一体的自然生态系统，为国际一流和谐宜居之都建设奠定坚实的生态基础。

——园林绿化资源质量有效提高。

实现数量与质量双增长,全面提升三大生态系统防风固沙、固碳释氧、涵养水源、保持水土、净化空气、生态隔离、美化环境、维护生物多样性等能力,提高生态承载力,园林绿化生态服务价值得到全面体现。

——园林绿化惠民成效更加彰显。

推进百姓身边见绿,让市民在绿色社区生活,公平享有绿化成果,增强绿色获得感。初步建成十分钟、半小时、一小时绿色休闲圈,谋划建设一批生态文化内涵丰富的城市休闲公园、郊野公园、村镇公园、湿地公园、森林公园和环首都国家公园,更好的发挥民生功能。大力推进兴绿富民,促进郊区农民绿岗就业,提升林果、种苗、花卉、蜂业、森林旅游、林下经济等园林绿化产业对农村经济社会发展的贡献率,实现生态和经济效益双增长。

——园林绿化资源更加安全。

生态文明各项制度在园林绿化领域深入贯彻,园林绿化安全体系进一步健全完善,资源保护管理能力显著增强,生态红线制度严格落实,森林、湿地、绿地得到有效保护。

五、总体布局

依据《京津冀协同发展规划纲要》和《北京城市总体规划》修改最新成果,推动园林绿化区域协同发展、城乡统筹发展。在京津冀园林绿化协同发展方面,在北京北部张承地区及北京市域西北部山区建设生态涵养区;在北京东南部构建大规模森林湿地板块;在环京区域依托三地优势资源构建环首都国家公园环;结合贯穿三地的重要河流水系、交通干道,加宽加厚绿化带,构建互联互通的生态廊道。在市域范围内,按照"一屏、三环、五河、九楔"的生态布局,着力构建"青山为屏、森林环城、九楔放射、四带贯通、绿景满城"的园林绿化生态格局

第四章　园林绿化生态系统建设

四、加大湿地保护与恢复力度

湿地系统是全市三大生态系统之一，具有特殊的生态功能和作用。坚持生态优先，林水相依，进一步加强湿地保护恢复力度，适度推进湿地公园建设，满足市民多种需求。

1. 继续推进湿地保护恢复

在房山长沟、琉璃河，大兴长子营、青云店，通州宋庄、台湖、马驹桥、张家湾、于家务、西集及北运河、潮白河、凉水河通州区域，新建湿地3 000公顷；围绕京津保过渡带和张承生态功能区大力恢复建设湿地。在张承生态功能区范围内的永定河潮白河、官厅水库区域恢复湿地8 000公顷，增强湿地水源保护与涵养功能。进一步保护和恢复重点历史河湖湿地，部分重现老北京波分凤沼、淀水浩荡、苇岸飞鸿的历史湿地景观。到2020年，全市湿地保有量达到5.44万公顷，占国土面积的比例提升到3.31%。60%以上湿地受到有效保护和管理。

2. 加大湿地公园建设力度

推进房山长沟、大兴南海子、通州台湖等8处重点湿地公园建设。

第六章　园林绿化惠民系统建设

充分发挥园林绿化资源生态、景观功能的基础上，结合农业结构调整，推进林果花卉等产业向现代、高效迈进，创造绿色就业岗位，打造首都绿色朝阳行业；持续扩大城乡居民绿色福利空间，大力挖掘发展多种绿色休闲服务，丰富百姓文化生活，使绿色休闲成为市民日常生活方式，服务首都民生。

二、积极培育新兴林业产业

利用林木资源促进农民就业增收，充分发挥平原造林、一道二道隔离地区、"五河十路"地区和山区的林木资源作用，加强养护管理，吸纳农民绿岗就业，实现增收致富。

1. 大力发展多样化的观光采摘

大力发展果品、花卉等林产品观光采摘产业，建设休闲体验园、景区型观光园，提升春华秋实——百万市民观光采摘系列旅游文化品牌影响力，打造林产品嘉年华，吸引市民走向郊区，进入果园。实现传统果园或基地向观光采摘园转变，单纯销售向采摘体验转变，观光采摘单季向四季转变，低效益向高效益转变，采摘品种普通型向名特优新转变，经营分散型向规模化转变。满足市民的多样化需求，达到农民就业增收的目的。

2. 积极促进森林旅游发展

加大全市各区各具特色的森林旅游区域、森林旅游线路和森林旅游景点建设，形成点、线、面相结合的、完整的全市森林旅游产业体系格局。全面提升全市森林公园及其他森林旅游景点的基础设施，建设高品质森林旅游景区，打造高端森林旅游景点，开拓森林旅游精品线路，提升游客接待能力，弘扬森林文化、绿色文化、生态文化，推动全市森林旅游产业全面发展，使森林旅游成为弘扬生态文明的重要载体、享受绿色生活的主要方式、引领绿色消费的重要途径、农民就业增收的重要来源。

3. 试点推进森林疗养示范区建设

积极利用良好的生态环境，结合国际森林疗养的经验和技术，制定森林疗养基地选择、疗养步道建设、林分结构调整、疗养效果监测和基地认证等技术规范，研究建立本市森林疗养技术、管理和认证体系，并建设2～4个森林疗养示范区。同时，启动森林疗养师的培训工作，培训150名森林疗养师，力争取得职业任职资格。

使森林成为中青年人群亚健康恢复、拓展训练和游憩休闲的大本营，老年人和慢性病患者康复疗养的圣地。

三、努力推进市民休闲游憩体系建设

市民对绿色休闲的需求随着生活水平提高而不断增长，尤其是节假日绿色休闲更为旺盛。北京著名绿色景点游客旺季接待压力较大。要着力利用丰富园林绿化资源，打造分布更加均好、景色更加优美、体验更加良好的以公园为主的绿色休闲游憩体系，增强市民绿色获得感，推进绿色惠民。

1. 加强历史名园保护

历史名园是首都无比珍贵的历史文化遗产，是古都风貌的重要组成部分，要全方位加强系统性保护。一是针对历史名园被占用等遗留问题，制定腾退清理计划和方案，逐步恢复历史名园的格局风貌和历史真实性。落实天坛公园在 2030 年前完成腾退，归还公园用地的具体政策和措施。二是落实关于划定历史名园保护区和建设控制地带范围的相关法规，以及对建筑高度、形式、色彩等控制要素进行管制的要求，并建立规划审查和公开征求意见制度。三是制定颐和园、天坛两大世界文化遗产公园的专项保护措施，制定并实施与历史文化名城保护规划相衔接的历史名园保护规划。四是制定实施方案，在游客高峰期，采取分时分区管理、价格调控、预约限流等措施，缓解历史名园的接待压力。五是按照法规中"对历史名园保护的经费，各级人民政府应当给予财政保障"的规定，建立历史名园日常维护和定期修缮的资金保障制度。六是进一步加强对园林格局和园林要素尚存的历史遗迹的保护工作，认真开展历史园林现状调查、评估，制定针对性保护措施。七是做好历史名园修缮工作，启动香山静宜园、颐和园须弥灵境、北海万佛楼大佛殿、地坛坛墙、日坛神库神厨等文物建筑的保护和复建工程，全力推进以颐和园听鹂馆、北海西天梵境建筑群、景山寿皇殿等修缮工程为龙头的重大古建筑修缮项目，启动莲花池公园保护及设施完善提升工程，真实再现历史风貌。

2. 启动历史园林腾退恢复

北京明清时期大量的私家园林、坛庙园林是古都风貌和优秀传统文化的重要体现，拥有无可替代的历史、艺术和科学价值，对北京城市的发展变迁产生过重要影响。北京市域范围历史园林在城市建设中逐步消失，在城市环境改造中遭到破坏，或者被占用。抢救、恢复并且发挥这些历史园林的价值具有重大意义。结合疏解非首都功能，大力推进先农坛、鱼藻池历史园林的恢复和开放。

3. 开展国家重点城市公园示范建设

建立国家重点城市公园示范体系。以颐和园、北京植物园、香山公园和紫竹院公园为试点，构建示范管理体系，建立国家重点城市公园管理标准。一是景观资源保护利用方面，对园内历史文物保护单位、历史古建、古树名木、植物多样性、水域等方面提出保护原则与措施；二是特色空间格局保护利用方面，从特色山水格局、主体景观结构、特色道路骨架等方面进行保护利用规划；三是协调控制方面，对园内建筑风格、功能与景观以及周边环境进行协调控制规划，发布公园环境容量和承载力。研究公园保护范围的划分与用地控制，编制国家重点城市公园保护与控制规划，发挥国家重点城市公园建设的引领示范作用。

4. 提升各类公园和景区建管水平

对景观品质不高、设施老化、游客投诉较多的 50 处老旧公园进行改造提升。加大推进力度，启动尚未实现公园绿地规划的边缘集团绿化建设，形成 10 余个各具特点的公园绿地。完善湿地公园宣教体验功能，让市民充分亲近湿地、认知湿地。加强八达岭—十三陵、云蒙山、东灵山—百花山等风景名胜区和国家重点公园的基础设施建设。

建立全市公园管理体系，推进公园分类分级管理，明确各类各级公园管理标准、政策、管理制度以及考评办法。深入推进"一制度六台账"公园景区精细化管理模式，持续开展精品公园创建活动，提升公园景区管理服务人员素质，提高专业服务管理水平，提高游客体验满意度。完善公园景区的基础设施及配套服务设施，研究制定出台加强公园经营场所和配套服务设施使用管理的相关办法。完善安全检查系统、智慧消防系统、技防和物防系统，提高保护水平。加强信息化建设，全面提升旅游接待设施水平。开展周边环境整治，使接待服务空间得到扩容。巩固公园会所专项整治成果，加大整改力度，建立长效机制。加大世界文化遗产保护。以市属公园为试点启动主要公园执法。加强公园绿地防灾避险体系建设，按照相关专业规划，合理布局，完善标准，全面推进。

5. 加强森林公园和浅山森林休闲游憩景观带建设

建立健全以科学规划为依据、分类管理为手段、专项政策法规为保障的森林公园体系。构建二道绿隔地区郊野森林公园环，依托平原地区绿化成果，建设提升朝阳温榆河森林公园、丰台彩叶郊野公园、房山青龙湖森林公园、通州台湖森林公园、大兴青云店郊野公园、昌平沙河森林公园等一批大尺度郊野森林公园。加强森林公园基础设施建设和森林景观提升改造，推进森林公园示范建设，探索建设森林文化教育型、森林健康疗养型、森林生态体验型、森林品质度假型等不同类型示范森林公园。发挥森林公园的区域整合作用，建设森林旅游特色示范线路，形成独特的森林公园景观带。在资源禀赋较好、交通相对便利、具备条件的浅山地区，通过增加基础设施、改善林分生态景观、连通林道绿道网络和森林公园、风景名胜区、森林健康经营多功能示范区等生态游憩资源，建设 10 条浅山森林休闲游憩景观带，增强森林的社会服务功能，拓展市民森林游憩和体验空间。强化森林公园特色建设，挖掘森林文化内涵，通过产业联动，丰富产品供给，精准目标市场，形成独特的森林旅游产品，树立森林公园特色形象。

6. 全面完成健康绿道建设

进一步落实《北京市级绿道系统规划》，不断完善"三环、三翼、多廊"市级绿道总体格局，逐步形成"环带成心、三翼延展"的空间结构，并沿着东、西、北三翼分别与天津、承德、三河、廊坊、张家口、保定等对接，形成京津冀大绿道体系。努力打造以市级绿道为骨干、区级绿道为支撑、社区绿道为补充的健康绿道网络体系，力争 2017 年前，完成 1 000 公里市级绿道建设，2020 年以前完成 1 000 公里区级绿道建设，完善全市健康绿道体系，满足市民的绿色休闲需求。

北京市国有林场发展规划（2018—2025 年）

前言

国有林场是生态修复和建设的重要力量，是维护生态安全最重要的基础设施。随着北京"四个中心"新定位的明确、京津冀协同发展重大国家战略的推进、建设国际一流和谐宜居之都新目标的提出，全市国有林场应以当前中央及北京市要求加快推进国有林场改革和生态文明建设为契机，加强自身科学发展，准确把握和积极适应新常态。为全面贯彻落实中共中央、国务院《关于印发〈国有林场改革方案〉和〈国有林区改革指导意见〉的通知》（中发〔2015〕6 号）及北京市委市政府《关于印发〈北京市国有林场改革实施方案〉的通知》（京发〔2016〕3 号）的文件精神及各项要求，进一步加强规划引领，保护和培育国有林场森林资源，促进国有林场科学发展，全面改善和保护首都生态环境，维护首都生态安全，充分发挥国有林场在首都生态文明建设中的重要作用，特编制北京市国有林场发展规划。

一、发展基础

（一）基本情况

国有林场始建于 20 世纪 50 年代，主要分布在河流两岸、水库周围、名胜古迹周边及风沙前线、石质山区等重点生态地区和生态脆弱地区。经过 60 多年的保护培育，国有林场已成为全市生态区位最重要、森林资源最丰富、森林景观最优美、生物多样性最丰富、生态功能最完善的核心生态区域。

全市现有国有林场 34 个，均为生态公益型林场，按照公益一类事业单位管理，包括中央单位所属林场 2 个、市属林场 7 个和区属林场 25 个，分布于 11 个区。林场总经营面积 68 506.4 公顷，有林地面积 50 887.4 公顷，占全市有林地面积的 6.9%，占全市国有林地中有林地面积的 71.1%。森林覆盖率 72.6%，森林总蓄积162.5 万立方米。职工总人数 2 059 人，包括在职职工 1 223 人、离退休职工 836 人。

1. 国有林场是生态安全的中坚力量

国有林场是北京市生态屏障的重要组成部分，依托国有林场建立的自然保护区保护了全市 50% 以上的珍稀物种。随着国有林场改革的深入，国有林场已成为维护生态安全的中坚力量，承担着守护首都生态安全的重任。

2. 国有林场是森林旅游的重要场所

国有林场地处世界文化遗产、国家自然保护区、风景名胜区、著名旅游区，森林资源丰富，发展森林旅游有着得天独厚的优势。在国有林场基础上，已建立 6 个自然保护区和 14 个森林公园，年接待游客近 1 000 万人次。

3. 国有林场是林业科技的示范基地

国有林场承担着林业科学研究、生产试验示范、教学实习和林业新技术推广的重要任务。全市 60% 以上的林木良种繁育基地和采种基地建在国有林场。北京市西山试验林场是国家林业局公布的15 个全国森林经营样板基地之一。

4. 国有林场是森林文化的展示窗口

国有林场保护了一批自然历史文化遗迹，现有古遗址 120 处、古文物 50 处、古树名木 4 721 株等，为森林文化建设提供了优良的物质基础。国有林场内建立多处首都生态文明教育基地、林业科普教育基地、爱国主义教育基地等，是传播生态文化理念、展示森林文化的重要的场所。

（二）主要问题

1. 森林质量普遍不高，生态服务功能不强

主要体现在森林质量普遍不高，结构不尽合理，生物多样性不够丰富，碳汇能力不够强。全市国有林场有中幼林 48 万亩需要抚育，有低效林 16 万亩需要改造，有人工林 45 万亩需要优化调整，森林生态保护作用和森林景观功能难以得到充分发挥。

2. 基础设施建设落后，生态管护职能欠缺

基础设施建设普遍较差。生态管护站点数量不足，给排水、供电、供暖、通信及环境美化等相关附属设施普遍较差；森林防火设施和有害生物防控设施相对缺乏或陈旧。

3. 森林功能利用不足，多功能发挥不充分

在国有林场基础上建立的森林公园面积 24 161.6 公顷，占林场总面积的 38.3%，但大多森林游憩类型单一，在森林体验、森林疗养、增强生态产品生产能力等方面明显不足，在森林科普、文化挖掘、科技引领等方面也有待加强。

4. 林场信息化程度低，现代技术水平不高

林场信息化建设普遍滞后，相关设施及技术装备严重不足。全市有 22 个国有林场还未实现网上办公，有 24 个林场还未建立相关网站和林火视频监控系统，信息网络设施极为落后并普遍存在通信盲区。

二、发展思路

（一）指导思想

以习近平新时代中国特色社会主义思想为指导，深入贯彻党十九大报告和习近平总书记视察北京重要讲话精神，坚持新发展理念，按照高质量发展要求，紧扣人民群众日益增长的美好生活需要和不平衡不充分发展之间的这一社会主要矛盾，以及对优质生态产品和优美环境的强烈需求，坚持以人民为中心的发展思想，牢固树立创新、协调、绿色、开放、共享的发展理念，紧紧围绕首都城市战略定位，始终坚持问题导向，以建设国内一流的现代化林场为目标，以提升森林质量和优化林场功能为重点，全面推进森林生态、森林文化和森林信息建设，完善相关基础设施，充分发挥国有林场在保障首都生态安全中的支撑骨干作用，从而推动首都生态文明发展。

（二）主要原则

1. 以林为主、生态优先

以培育和保护森林资源为基础，提高森林质量为主要任务，优先维护森林生态效益，充分发挥森林资源生态服务功能。

2. 因地制宜、科学经营

根据各林场实际，分类经营，兼顾特色，促进森林健康，提升森林面积和质量。

3. 强化基础、提升能力

加强基础设施建设，改善生产生活条件，增强森林防火、有害生物防控能力，提升林场森林资源管护水平、信息化水平和技术装备水平。

4. 统筹规划、突出重点

统筹考虑全市国有林场现状，科学编制总体规划，明确林场发展方向及目标，合理安排年度计划，分步实施，突出重点工程建设。

（三）规划依据

1.《决胜全面建成小康社会 夺取新时代中国特色社会主义伟大胜利》

2. 中共中央、国务院印发的《国有林场改革方案》和《国有林区改革指导意见》(中发〔2015〕6 号)

3. 中共中央、国务院出台的《关于加快推进生态文明建设的意见》(中发〔2015〕12 号)

4.《北京城市总体规划(2016—2035 年)》

5.《北京市"十三五"园林绿化发展规划》

6.《北京市国有林场改革实施方案》(京发〔2016〕3 号)

7.《中华人民共和国森林法》

8.《北京市森林资源保护管理条例》

9. 国家林业局印发的《国有林场管理办法》(林场发〔2011〕254 号)

10.《造林技术规程》(GB/T15776—2006)

11.《森林抚育规程》(GB/T15781—2015)

12.《山区生态公益林抚育技术规程》(DB11/T222—2004)

13.《低效林改造技术规程》(LY/T1690—2007)

14.《北京市造林营林建设标准》(京绿计发〔2007〕23 号)

15.《森林防火工程技术标准》(LYJ127—1991)

16.《北京市森林防火工程建设标准》(京绿计发〔2007〕23 号)

17.《北京市林业有害生物防控工程建设标准》(京绿计发〔2007〕23 号)

18.《国有林场基础设施建设标准》(林规发〔2013〕70 号)

19.《关于进一步加快林业信息化发展的指导意见》(林信发〔2013〕130 号)

20.《中国智慧林业发展指导意见》(林信发〔2013〕131 号)

(四)规划目标

1. 总体目标

立足于国有林场的基本职能和主体功能,着力提升森林质量、着力完善基础设施、着力强化多功能利用、着力提升信息技术水平，通过建设森林资源优质、生态功能强大的生态林场，基础设施完备、装备技术先进的规范林场，森林文化丰富、多功能充分发挥的文化林场，资源监管智能、生态服务联网的智慧林场，从而全面实现国有林场的现代化。

——生态林场。通过加强森林培育和保护，高质量完成造林营林任务，强化资源管护措施、完善技术标准规程，建设营林理念科学、经营管理规范、保护体系完备、森林资源优质、生态功能强大的生态型国有林场。

——规范林场。通过完善森林防火设施、病虫害防治设施、生产生活基础设施和公共基本服务设施，建设设施先进、装备新颖、资源节约和环境友好的规范型林场。

——文化林场。以森林公园和森林文化旅游为载体，通过森林景观提升、特色项目打造和文化活动的开展，建设集森林休闲、森林体验、森林康养和环境教育等多功能于一体的文化型林场。

——智慧林场。通过采用互联网、3S 和云计算、大数据等技术手段，以及现代化的设施设备，建设资源监管智能化、日常办公网络化、生态服务信息化的智慧型林场。

2. 阶段目标

（1）前期目标（2018—2020）。森林资源经营与保护体系基本形成。科学经营森林，通过人工造林、封山育林（灌）等措施，基本消灭宜林荒山；通过开展中幼林抚育提升森林质量；强化森林防火体系和科学防控有害生物，健全森林资源管护体系。

生产生活服务设施明显改善。通过生态管护站点、森林防火主干道及配套服务设施建设，以及资源监管智能化、生态服务信息化建设，实现生产生活服务设施水平提升。

森林资源多功能利用有效发挥。通过加强森林公园建设，拓展森林生态功能、森林文化功能、森林游憩功能，使森林资源多功能利用得到有效发挥。

（2）后期目标（2021—2025）。森林资源经营与保护水平全面提高。进一步加大对森林资源的保护力度，提升森林质量和森林生态系统稳定性，全面提高森林资源经营与保护水平。

生产生活服务设施趋于完善。进一步加强林业生产、资源保护等基础设施和信息化建设，全面提高国有林场生产生活水平。

森林资源多功能利用充分发挥。坚持以森林文化为引领，健全森林生态功能、森林文化功能、森林游憩功能，发挥森林公园示范作用，实现国有林场和森林公园一体化建设目标。

三、主要任务

通过森林质量精准提升工程、基础设施提升改造工程、森林文化繁荣发展工程和信息技术构建一流工程的建设，全面实现现代化林场发展目标。

（一）森林质量精准提升工程

坚持"以林为主、生态优先、可持续发展"的经营方针，加强森林资源培育和保护，使森林质量明显提高，森林蓄积逐年增长，林分结构更趋合理，树种比例更加协调，从而推进生态林场的建设。

1. 森林培育

各林场应根据自身情况完善森林经营方案，在结合实际，深入分析场情，制定特色发展策略的基础上，全面推行"一场一策"建设，对具体林分确定主要发展方向。森林经营可借鉴森林健康经营、森林近自然经营、结构化森林经营等先进营林技术理念，制定有针对性的经营措施，实现森林可持续经营。

（1）人工造林。对具有人工造林条件的宜林地进行人工造林，对条件适宜的疏林地进行补植，对非特殊保护地区并达到成熟条件的林分可采取单株择伐，控制择伐强度，对择伐后的林分进行更新补造或人工促进天然更新，并诱导形成多树种、多层次的复层异龄混交林，增强森林的水土保持、水源涵养、景观游憩等功能。计划人工造林 1 564 公顷。

（2）中幼林抚育。为调整树种组成和林分密度，改善林木生长环境条件，促进林分健康生长，在中幼林林分中适时进行森林抚育，具体措施包括割灌（草）、扩堰、定株、间伐、修枝等。中幼林抚育间隔期一般为 5 年，抚育间伐强度控制在株数或蓄积量的 15%～20%，规划期内全市国有林场中幼林抚育面积 63 138 公顷。各林场应根据实际情况安排本林场中幼林年度抚育任务，合理确定林分抚育初始期、间隔期和抚育强度，在 2018—2025 年对全部中幼林抚育 2 次。

（3）低效林改造。低效林生长发育缓慢，其森林质量和生态功能显著低于同类立地条件下相同林分平均水平。通过对低效林采取补植补造、松土扩堰、修枝割灌、间株定株、抚育间伐、土壤改良等技术措施，达到调整林分密度、优化林分结构、提升生态景观、满足森林游憩的目的，改造过程中尽量减少对现有植被的破坏。低效林改造面积 10 661 公顷，分布于 15 个林场。

（4）封山育林。依据森林资源自然演替规律，进一步提高林分郁闭度和森林覆盖率，将国有林场中具有天然下种或萌蘖能力的疏林地或灌木林地等实施封禁，以封为主，封育结合，封育期为 5 年。封山育林共计面积 25 168 公顷，分布于 28 个林场。

2. 森林保护

（1）森林防火体系。坚持"预防为主，积极消灭"的方针，及"打早、打小、打了"的原则，利用先进的科学管理技术，建立较为完备的森林火灾预防、扑救、保障三大体系，健全森林防火长效机制。增建及改善相关防火基础设施，使得森林火灾防控能力显著提高，24 小时火灾扑灭率达到 95% 以上，受害率稳定控制在 0.9‰ 以内。

（2）有害生物防控。科学做好有害生物监测预警、检疫防治和科技防控等相关工作，相关基础设施加以完善，做到早发现早防治，有效控制有害生物的发生面积，提高有害生物防治水平，使得病虫害监控覆盖率提高到80％以上。

（二）基础设施提升改造工程

依据国家林业局《国有林场基础设施建设标准》（2013），结合我市各国有林场的实际情况，明确本规划基础设施提升改造工程。以完善国有林场基础设施体系为目的，通过各林场分场建设、生态管护站点和防火阻隔系统等为主要建设内容，推进规范林场的建设。

1. 全面提升分场基础建设

国有林场分场生产生活用房，大都建于20世纪六七十年代，建造标准较低，加上长年无力维修，危旧房比重较大，各项基础建设迫在眉睫。为全面满足分场生产、生活条件，科学经营森林资源，改造和新建分场生产管理用房11.5万平方米，并完成供电、供暖、排水、通讯网络及环境卫生等配套设施建设。

2. 全面布局生态管护站点

国有林场生态管护站点建设是保护森林资源，加快生态建设的一项基础工程、民生工程，要按照"布局合理、规模适度、靠近林地、富有特色"原则，把生态管护站点建成资源管护的哨所、职工生活的家园。改造和新建生态管护站点181处，5.3万平方米。

3. 完善森林防火阻隔系统

随着国有林场营林工作的推进，森林资源保护压力也越来越大，完善森林防火阻隔系统是森林保护工作的重要组成部分。为加强林火阻隔系统对突发火情的阻隔能力，需改造和新建防火公路674公里、防火步道1 088公里、防火隔离带1 212公里。

（三）森林文化繁荣发展工程

国有林场根据自身的区位优势和资源特点，以长城文化带和西山永定河文化带保护建设规划为背景，借鉴国际林业在森林游憩方面的先进经验，大力发展科技创新、文化创意等森林文化建设活动，推动文化林场的建设。

1. 游憩文化建设

游憩文化是国有林场提供的优质生态产品中重要的一部分，可以满足人民日益增长的优美生态环境需要。游憩文化建设的主体是森林公园，大力推进森林公园建设进程，充分发挥森林多功能作用，落实国有林场改革"场园一体、保护优先、整合发展"思路，全面拓展国有林场在森林教育、森林体验、森林疗养等方面功能。规划依托优秀的森林环境、富集的生物多样性，合理配置吃喝、玩乐、体验、静养等旅游要素，建设森林小镇、森林康养、森林氧吧等观光度假基地，为人们提供走进森林、享受自然的好去处。

2. 科教文化建设

科教文化建设主要包括森林科普和森林教育。科普方面设立森林文化示范区，设置自然观察径、森林教室、森林作业体验场、植物园等项目，让人们走进国有林场，既受教育又长知识，既提升品位又陶冶情操。教育方面设置森林体验馆等，对国有林场历史和发展成就进行充分展示，大力传承首都林业精神，使其不断与时俱进，成为林业改革发展的不竭动力。

3. 营林文化建设

碳汇林业、健康森林、近自然林等理念的提出正是新时期下林业发展的新需求，对建设宜居城市和提高城市居民整体生活质量都有着重要的意义。如何将新的森林经营理论与北京的林业发展实践相结合，是各国有林场责无旁贷的职责，因此规划在全市国有林场内设立一系列的标准地，标准地的设立应根据本地区林业发展的需要各有侧重。如碳汇林业的标准地，风景林、游憩林营造的示范区，健康森林、近自然林的推广区。

（四）信息技术构建一流工程

国有林场以应用需求为导向，以融合创新为动力，以新一代信息技术为支撑，加强全市国有林场信息化基础建设，提高林场信息化管理及应用水平，从而推进智慧林场的建设。

1. 加强林场信息化基础建设

通过加强与国家电信运营商的合作，积极推进无线网络建设。根据业务需求安装和使用各种传感设备、智能终端、自动化装备等，提高林场信息采集水平。通过信息资源整合改造和开发利用，建立或完善国有林场信息资源数据库。

2. 提高林场信息化管理水平

建立国有林场森林资源管理信息系统，并推进国有林场网站群建设和网上办公系统建设。采用"主站＋子站"模式，建设以市园林绿化局为总门户的主站，各林场网站为子站的网站群系统。并不断优化页面，发挥网站对林场的宣传作用。在市园林绿化局网站设置智慧林场移动办公平台统一入口。

3. 推进林场信息化应用水平

通过形成智慧林场森林资源一张图，完善智慧林场森林资源监管体系。把新一代信息技术应用在全市国有林场林火监测、预警预报和应急防控等方面，加快林业灾害监测预警及应急防控体系建设。推进智慧林场重点工程监督管理平台建设。结合文化林场建设构建互联网＋生态旅游服务平台。在国有林场网站群主站建设智慧林场生态旅游服务平台，建设旅游游客监测系统。

四、投资估算

对规划涉及到的 34 个国有林场相关项目建设投资进行统一测算，主要包括森林经营、森林资源保护、基础设施建设与完善、森林文化建设、林业信息化建设与管理等建设内容。

初步估算，共需资金 36.1 亿元，其中中央直属的两个国有林场，由相关单位依据本规划编制可研报告，立项单独实施。市、区属国有林场共需投资 35.1 亿元，规划前期（2018—2020 年）投资 17.3 亿元，占总投资的 49.3%，规划后期（2021—2025 年）投资 17.8 亿元，占总投资的 50.7%。

五、保障措施

（一）组织保障

主管部门全面组织和落实各项工作，组织各林场按照规划目标及内容，稳妥推进各项工作，落实规划内容。国有林场规划建设过程中应实行目标、任务、资金、责任"四位一体"的责任制度，建立健全行政领导干部绩效考核责任制，将其纳入各级行政领导干部绩效考核。

（二）资金保障

将森林经营任务中的人工造林、低效林改造和封山育林任务纳入京津风沙源治理工程，按现行政策予以保障；中幼林抚育依据市财政局、市园林绿化局印发的相关文件，市属林场由市级财政保障，区属林场由区级财政统筹保障。将基础设施、森林文化、信息技术等建设纳入同级政府建设计划，多方筹措资金，有序推进项目建设。

（三）科技保障

采取招聘、招录等方式，选用一批高学历、有能力的年轻干部，建设不同梯度的人才队伍。加强与科研院所、高等院校等单位的技术合作和科技攻关力度，抓好国有林场科技成果和实用技术的推广应用。

（四）监督保障

各国有林场及其主管部门依法实行项目招投标制和监理制，加强对重点工程及项目的督查考核。强化重大项目立项、招投标、资金使用、项目验收、效果评价等重点环节的监督管理，确保项目安全、规范、有效建设与运行。各国有林场应依法建立实施年度评估制度，强化规划实施监督。

北京市人民政府办公厅关于完善集体林权制度促进首都林业发展的实施意见

2018 年 5 月 11 日（京政办发〔2018〕17 号）

各区人民政府，市政府各委、办、局，各市属机构：

为深入贯彻落实《国务院办公厅关于完善集体林权制度的意见》（国办发〔2016〕83 号）精神，进一步深化本市集体林权制度改革，创新集体林业保护发展体制机制，促进首都林业可持续发展，经市政府同意，现提出以下实施意见。

一、总体要求

（一）指导思想

全面深入学习贯彻党的十九大精神，以习近平新时代中国特色社会主义思想为指导，牢固树立新发展理念，坚持和完善农村基本经营制度，落实集体所有权，稳定农户承包权，放活林地经营权，推进集体林权规范有序流转，促进集体林业适度规模经营，完善扶持政策和社会化服务体系，创新集体林业发展机制，广泛调动农民和社会力量发展林业，全面提升集体林的生态、经济和社会效益，实现"生态美、百姓富"的目标。

（二）基本原则

坚持集体林地集体所有制，创新体制机制，拓展和完善林地经营权能；坚持生态优先、产业带动，拓展集体林业功能，实现增绿、增质和增效；坚持因地制宜、循序渐进，发展多种形式适度规模经营。

（三）工作目标

到 2020 年，集体林业良性发展机制基本形成，产权保护更加有力，承包权更加稳定，经营权更加灵活，林权流转制度更加健全，管理服务体系更加完善，农民林业收入显著增加。到 2022 年，责权利明晰的现代林业产权制度和经营制度基本建立，绿色空间持续扩展、森林质量明显提升、生态安全体系更加稳定。

二、主要内容

（一）稳定集体林地承包关系

1. 保持现有集体林地承包关系

继续做好集体林地承包确权登记颁证工作，稳定现有集体林地承包关系并保持长久不变。已实行家庭承包的集体林地，林地承包权人对承包林地依法享有占有、使用和收益等权利，不论经营权如何流转，承包权都属于本集体经济组织成员的承包农户。

2. 加强林权权益保护

在巩固集体林地所有权、稳定承包权的基础上，有关区政府要根据实际情况，抓紧在有条件的乡（镇）、村开展集体林地"三权分置"试点，逐步建立集体林地所有权、承包权、经营权分置（以下简称"三权分置"）运行机制，不断健全归属清晰、权能完整、流转顺畅、保护严格的集体林权制度，形成集体林地集体所有、家庭承包、多元经营的格局。依法保障林权权利人合法权益，任何单位和个人不得禁止或限制林权权利人依法开展经营活动；确因国家公园建设和自然保护区、风景名胜区等生态保护需要的，可探索采取市场化方式对林权权利人给予合理补偿，着力破解生态保护与林权权利人利益间的矛盾。

3. 加强合同规范化管理

承包和流转集体林地应当依法签订书面合同，明确约定双方的权利和义务，流转期限不得超过法定期限。推广使用国家有关部门制定的《集体林地承包合同》和《集体林权流转合同》示范文本。农村集体经济组织要监督林业生产经营主体依照合同约定的用途，合理利用和保护集体林地。

4. 加强矛盾纠纷调处

加强对农村集体林地承包经营纠纷调解和仲裁工作的指导，制定纠纷调解仲裁人员培训计划，增强培训的针对性和有效性。建立律师、公证机构参与纠纷处置的工作机制，将矛盾化解纳入法治轨道，切实维护社会和谐稳定。权属不清或有争议、应取得而未依法取得林权证或不动产权证、未依法取得抵押权人或共有权人同意等情况下的林权不得流转。

（二）推进集体林分类经营管理

1. 科学经营公益林

严格按照《国家级公益林管理办法》相关规定，实行公益林分级经营管理，对于一级国家级公益林，以严格保护为原则，根据其生态状况，进行抚育、更新等经营活动或开展适宜的非木质资源培育利用；对于二级国家级公益林和市级公益林，在不影响森林生态功能发挥和不破坏森林植被的前提下，可以合理利用林地资源，适度开展林下种植、森林旅游、森林康养、科普教育、林产品采集等非木质资源培育利用。

2. 放活商品林经营权

商品林由林业生产经营主体依法自主决定种植结构、经营方向、经营模式和经营目标；生产经营主体可合理利用林地资源，发展林下经济，开展观光采摘、森林旅游、森林康养等生产经营活动。园林绿化部门要加强商品林管理，研究建立既利于生态保护、又利于自主经营的管理机制。

（三）引导集体林适度规模经营

1. 规范集体林权有序流转

按照依法、自愿、有偿的原则，在不改变林地性质和用途的前提下，允许农户采取转包、出租、入股等方式流转林地经营权和林木所有权，鼓励通过专业产权交易平台规范流转。对家庭承包林地，以转让方式流转的，流入方必须是从事农业生产经营的农户，原则上应在本集体经济组织成员之间进行，且需经发包方同意；以其他形式流转的，应当依法报发包方备案。集体统一经营管理的林地经营权和林木所有权流转的，流转方案应在本集体经济组织内提前公示，依法经本集体经济组织成员同意，采取招标、拍卖或公开协商等方式流转；流转给本集体经济组织以外的单位或者个人的，要事先报乡（镇）政府批准，签订合同前应当对流入方的资信情况和经营能力等进行审查。

2. 培育壮大新型林业经营主体

积极培育集体林场、林业专业合作社、林业龙头企业等新型经营主体，引导并规范其参与林业工程建设和林业资源经营，支持其以林权、固定资产、公益林补偿收益等办理抵押质押贷款。重点探索在平原地区、浅山区发展集体林场，创新集体林经营管理模式，发挥乡（镇）政府、村集体经济组织的主体作用，组织更多农民参与林业工程建设和资源管护，提高集体林的综合效益和农民绿色就业水平。

3. 大力发展林业特色产业

加快推进林业产业与农业、旅游、教育、文化、康养等产业深度融合，着力发展森林旅游、森林康养、特色林果、花卉园艺、种苗、林下经济、养蜂等绿色产业。继续推进高效节水果园建设、低效果园改造、规模化苗圃建设。推动林业品牌建设，鼓励龙头企业争创驰（著）名商标、地理标志产品。

（四）促进集体林业高质量发展

1. 提升集体林综合效益

结合浅山区生态建设、农业结构调整以及美丽乡村绿化建设，推广近自然森林经营、生物多样性保护、森林生态系统培育等先进生态理念，制定森林经营中长期规划，实施低质低效林改造和中幼林抚育，全面提高林分质量及碳汇、水土保持和水源涵养能力，促进农村集体林业资产持续增值、农民林业收入持续增加。

2. 加强集体林资源保护

严格执行林地保护利用规划，认真落实保护发展森林资源目标责任制。严格集体林地征占审批，依法严厉打击乱砍滥伐、乱捕滥猎、乱征滥占、乱采滥挖等破坏森林资源的违法犯罪行为。山区公益林继续按照"均股不分山，均利不分林"原则，由农村集体经济组织统一经营管理；进一步完善山区公益林管护机制，加强森林防火和病虫害防治；研究建立山区公益林补偿资金与管护成效挂钩机制。把保护森林纳入村民自治章程和村规民约，增强农民爱林护林责任意识。

3. 完善社会化服务体系

加快基层林业主管部门职能转变，强化公共服务，研究探索通过购买服务方式，支持社会化服务组织开展林业规划设计、造林绿化、森林管护、林业有害生物防治、森林资源资产评估、市场信息提供、技术培训等服务。

（五）强化政策支撑

1. 支持金融机构政策创新

鼓励银行业金融机构积极推进林权抵押贷款业务，开发适合林业特点的信贷产品。探索特色林果、花卉种苗、林下经济产品等经营收益权、公益林补偿收益权市场化质押担保贷款。健全森林保险制度，建立森林保险费率调整机制，进一步完善大灾风险分散机制。研究探索森林保险无赔款优待政策。

2. 健全配套服务设施政策

本着严格保护、科学发展集体林的原则，研究探索资源管理、森林旅游和森林康养配套服务设施建设的政策机制，严禁违法违规开发房地产或建设私人庄园会所，严格管控浅山区设施建设。市规划国土委和市园林绿化局抓紧开展试点探索，研究制定相关办法。

三、保障措施

(一)加强组织领导

充分发挥各级集体林权制度改革领导小组作用,推动各项工作落到实处。各有关部门要按照职责分工,制定和完善相关配套政策,密切协作,扎实推进。各有关区政府是完善集体林权制度和促进林业发展的责任主体,要抓紧制定本区具体实施方案,明确专门机构、配备专职人员负责集体林权管理工作,并将集体林权制度改革成效纳入有关领导干部考核内容。

(二)加大人才培养

完善基层林业技术培训体系,加强林业技能人才培养,大力培育新型林业经营主体带头人、职业经理人、乡土专家等,培养符合现代林业发展需要的新时代林业人才。

(三)强化宣传引导

充分利用电视、报纸、电台、网络、微博、微信等媒介,宣传解读集体林权制度改革政策和取得的实效,及时回应社会关切,营造良好氛围。

附录二 "中国森林氧吧"名单

"中国森林氧吧"评选是中国绿色时报社《森林与人类》杂志发起"寻找中国森林氧吧"系列活动的重要内容,是一项生态文化普及和森林旅游宣传推介活动,旨在为全社会遴选推介提供森林体验、休闲养生的中国森林精华之地。

入围"中国森林氧吧"名单的都是空气负离子浓度高、空气清新、空气洁净度高、旅游资源丰富度高、旅游设施良好,以及离一二线城市距离近的国家森林公园、国家湿地公园、自然保护区、国家公园、国有林场、风景名胜区等森林生态旅游地。

截至 2017 年年底,全国已有 115 家森林生态优胜之地入选"中国森林氧吧"榜单。这 115 家"中国森林氧吧"分布在全国 24 个省份,重庆最多,有 11 家,其次是贵州,有 10 家,陕西和湖南分别有 9 家。它们皆是森林茂密、景观优美之地,"特产"高浓度的空气负离子和植物精气,是森林游憩、度假、野营、疗养、保健、娱乐、运动、养生、养老等康养活动的首选之地。

首批 (2015 年度) 37 家"中国森林氧吧"名单

安徽琅琊山国家森林公园、重庆缙云山国家级自然保护区、重庆梁平百里竹海、重庆四面山国家级风景名胜区、重庆山王坪喀斯特国家生态公园、重庆仙女山国家森林公园、甘肃莲花山国家森林公园、甘肃小陇山国家森林公园桃花沟景区、甘肃麦积国家森林公园、广西龙胜温泉国家森林公园、贵州梵净山国家级自然保护区、贵州贵阳阿哈湖国家湿地公园、贵州毕节国家森林公园、贵州荔波樟江风景名胜区、贵州尧人山国家森林公园、河北雾灵山国家级自然保护区、河南黄柏山国家森林公园、河南济源南山森林公园、河南南湾国家森林公园、黑龙江呼中国家级自然保护区、黑龙江南瓮河国家级自然保护区、湖北英山大别山主峰风景区、湖南炎陵神农谷国家森林公园、吉林兰家大峡谷国家森林公园、辽宁桓仁枫林谷森林公园、内蒙古大兴安岭汗马国家级自然保护区、内蒙古大兴安岭莫尔道嘎国家森林公园、山东泰安徂徕山国家森林公园、山东泰山国家森林公园、山东原山国家森林公园、山西晋中市乌金山国家森林公园、陕西汉中黎坪景区、四川乐山市黑竹沟国家森林公园、浙江玉环大鹿岛、浙江大盘山国家级自然保护区、浙江雁荡山国家森林公园、浙江钱江源国家森林公园。

2016 年度 47 家"中国森林氧吧"名单

安徽皇甫山国家森林公园、安徽旌德养生"慢生活"基地、安徽广德县四合乡"富氧民宿"基地、重庆彭水县摩围山景区、重庆市铁山坪森林公园、重庆武陵山国家森林公园、重庆黔江国家森林公园、重庆云阳龙缸景区、福建三明仙人谷国家森林公园、福建龙栖山国家级自然保护区、福建泰宁国家级风景名胜区、福建戴云山国家级自然保护区、福建闽江源国家级自然保护区、广东帽子峰森林公园、贵州竹海国家森林公园、贵州龙架山国家森林公园、贵州习水国家森林公园、贵州长坡岭国家森林公园、贵州省贵阳市森林公园、河北平顶山森林公园、河北仙台山国家森林公园、河南焦作云台山风景名胜区、河南内乡宝天曼国家级自然保护区、黑龙江茅兰沟国家森林公园、黑龙江清河旅游风景区、湖南黄桑国家级自然保护区、湖南东江湖国家湿地公园、湖南大熊山国家森林公园、湖南小溪国家级自然保护区、吉林延边仙峰国家森林公园、吉林露水河国家森林公园、江西婺源饶河源国家湿地公园、江西白水仙风景名胜区、江西羊狮慕景区、辽宁本溪关门山国家森林公园、内蒙古旺业甸国家森林公园、内蒙古黑里河国家级自然保护区、山东寿光滨海国家湿地公园、山东鲁山国家森林公园、山东沂山国家森林公园、陕西省宁东森林公园、陕西黄柏塬国家级自然保护区、陕西天华山国家森林公园、陕西牛背梁国家级自然保护区、陕西太白山国家森林公园、云南高黎贡山国家级自然保护区腾冲辖区、浙江安吉县灵峰寺。

2017 年度 31 家"中国森林氧吧"名单

北京市百望山森林公园;重庆黄水国家森林公园;福建梁野山国家级自然保护区;福建永定仙岽森林公园;甘肃小陇山国家森林公园;甘肃榜沙河省级森林公园;甘肃卧牛山省级森林公园;广东平远龙文—黄田省级自然保护区;黑龙江珍宝岛湿地国家级自然保护区;河南省济源市九里沟—水洪池风景名胜区;湖南六步溪国家级自然保护区;湖南借母溪国家级自然保护区;湖南九龙江国家森林公园;湖南天堂山国家森林公园;吉林大石头亚光湖国家湿地公园;吉林甑峰岭省级自然保护区;吉林省敦化市老白山原始生态景区;江苏省金坛茅山森林氧吧;江西贵溪国家森林公园;江西岩泉国家森林公园;江西遂川五斗江国家湿地公园;辽宁老秃顶子国家级自然保护区;辽宁仙人洞国家级自然保护区;内蒙古绰尔大峡谷国家森林公园;内蒙古阿里河国家森林公园;山东昆嵛山国家级自然保护区;山东新泰莲花山国家森林公园;山西太行洪谷国家森林公园;陕西太白山国家级自然保护区;陕西汉中佛坪熊猫谷景区;陕西汉中葱滩国家湿地公园。

图书在版编目（CIP）数据

北京休闲林业发展研究/黄映晖著．—北京：中
国农业出版社，2019.4
　ISBN 978-7-109-25342-1

　Ⅰ.①北…　Ⅱ.①黄…　Ⅲ.①林业经济－经济发展－
研究－北京　Ⅳ.①F326.271

中国版本图书馆 CIP 数据核字（2019）第 050649 号

中国农业出版社出版
（北京市朝阳区麦子店街 18 号楼）
（邮政编码 100125）
责任编辑　姚　红

中农印务有限公司印刷　新华书店北京发行所发行
2019 年 4 月第 1 版　2019 年 4 月北京第 1 次印刷

开本：880mm×1230mm 1/32　印张：7
字数：200 千字
定价：40.00 元
（凡本版图书出现印刷、装订错误，请向出版社发行部调换）